新时代高校教育发展路径的研究

陈东梅 著

北京工业大学出版社

图书在版编目（CIP）数据

新时代高校教育发展路径的研究 / 陈东梅著． — 北京：北京工业大学出版社，2022.12
ISBN 978-7-5639-8580-7

Ⅰ．①新… Ⅱ．①陈… Ⅲ．①高等学校—教育管理—研究 Ⅳ．① G640

中国国家版本馆 CIP 数据核字（2023）第 011025 号

新时代高校教育发展路径的研究
XINSHIDAI GAOXIAO JIAOYU FAZHAN LUJING DE YANJIU

著　　者：	陈东梅
责任编辑：	张　娇
封面设计：	知更壹点
出版发行：	北京工业大学出版社
	（北京市朝阳区平乐园 100 号　邮编：100124）
	010-67391722（传真）　　bgdcbs@sina.com
经销单位：	全国各地新华书店
承印单位：	唐山市铭诚印刷有限公司
开　　本：	710 毫米 ×1000 毫米　1/16
印　　张：	11.5
字　　数：	230 千字
版　　次：	2023 年 4 月第 1 版
印　　次：	2023 年 4 月第 1 次印刷
标准书号：	ISBN 978-7-5639-8580-7
定　　价：	72.00 元

版权所有　　翻印必究

（如发现印装质量问题，请寄本社发行部调换 010-67391106）

作者简介

陈东梅(1968年11月—　),女,汉族。山西代县人。文学硕士。山东服装职业学院副教授、系党总支书记。

前　言

百年大计，教育为本。要实现全面建设小康社会和中华民族伟大复兴的中国梦，必须坚持实施科教兴国战略和人才强国战略，把教育摆在现代化建设优先发展的战略地位。

教育既是国家战略大计，又是民生发展的首要关切。强国必谋强教，强教支撑强国。高等教育发展水平是一个国家发展水平和发展潜力的重要标志，世界经济强国无不都是高等教育强国。高水平大学是培养高层次人才的主要阵地，其培养的目标是培养具有创新精神和实践能力的高级人才，而科学、规范的学生管理制度是实现这一目标的重要保证。近年来，教育事业实现了跨越式发展，教育改革取得了突破性进展，国民受教育程度逐步提高。

当今世界，正处于一个大发展、大变革、大调整的时代，经济全球化使世界经济格局发生新变化，综合国力竞争和各种力量较量更趋激烈，世界范围内生产力、生产方式、生活方式、经济社会发展格局也正在发生深刻变革。这种变化使创新成为经济社会发展的主要驱动力，知识创新成为国家竞争力的核心要素。

本书以新时代为研究背景，以高校教育管理工作为研究对象，以我国高校教育管理工作发展历程、理论基础、特点与原则、发展趋势等内容为切入点，然后分别从加强高校教育体制管理与教学环境创设、加强高校教学信息化建设、加强高校教师队伍建设、加强高校学生管理与课程建设、加强高校教学质量管理几个方面深入研究了新时代高校教育管理工作发展的具体路径。

在撰写过程中，为提升本书的学术性与严谨性，作者参阅了大量的文献资料，引用了一些前辈的研究成果，因篇幅有限，不能一一列举，在此一并表示最诚挚的感谢。

由于高校教育管理涉及的范畴比较广，需要探索的层面比较深，作者在撰写的过程中难免会存在一定的不足，对一些相关问题的研究不够透彻，恳请前辈、同行以及广大读者斧正。

目 录

第一章　绪论 ··· 1
　　第一节　我国高校教育管理工作发展历程 ·· 1
　　第二节　新时代高校教育管理的理论基础 ·· 4
　　第三节　新时代高校教育管理的特点与原则 ····································· 10
　　第四节　新时代我国高校教育管理工作的发展趋势 ·························· 23

第二章　加强高校教学体制管理与教学环境创设 ································ 32
　　第一节　新时代我国高校教学体制管理 ·· 32
　　第二节　新时代高校教学环境创设与优化 ·· 36

第三章　加强高校教学信息化建设 ·· 52
　　第一节　高校教学信息化管理工作 ··· 52
　　第二节　高校信息化教学资源建设与平台打造 ································· 54
　　第三节　高校信息化教学方法 ·· 68
　　第四节　高校信息化教学模式创新 ··· 75

第四章　加强高校教师队伍建设 ·· 80
　　第一节　高校教师管理的多维解读 ··· 80
　　第二节　完善高校教师薪酬体系 ·· 91
　　第三节　建立健全激励机制 ··· 96
　　第四节　加强高校教师的职称管理 ··· 99
　　第五节　高校教师的考核与培训 ·· 103
　　第六节　加强师资队伍建设未来规划与教师专业发展 ····················· 114

第五章　加强高校学生管理与课程建设 ·················· 119
第一节　加强高校学生管理 ·································· 119
第二节　加强课程建设 ······································· 142

第六章　加强高校教学质量管理 ····························· 151
第一节　高校教学质量管理概述 ··························· 151
第二节　高校教学质量管理过程 ··························· 163
第三节　加强高校教学质量管理的具体策略 ············· 168

参考文献 ··· 174

第一章　绪论

第一节　我国高校教育管理工作发展历程

中华人民共和国成立初期，中国民主促进会创建者、中国民主同盟创始人之一、著名爱国人士、语言文字学家、书法家、教育家马叙伦出任新中国成立后的第一任教育部部长、中国高等教育部部长。教育部组建后的第一件事主要是对旧中国的高等学校进行改造，并报国务院审查通过后实施，同时在此期间为国家起草教育法律法规的文本，搭建了中国高等教育管理的基本框架。应该说，中国的高等教育管理是在法律制度的条件之下制定和实施的，虽然也经历了一些艰难险阻，但是大方向还是前进的，依法治教、依法治校正在进入一个逐步发展完善的阶段。

新中国成立后，高等教育的体制受到了计划经济的严重影响。这也是我国借鉴苏联模式的后果。处于当时的国际形势，我们国家也没有更好的选择，而国际上可以借鉴的也只能是苏联的高等教育管理模式，像美国、日本等的教育模式在当时也不可能被我们所用。

中国高等教育的管理体制是与国家的政治、经济体制相适应的。具体来说，高校的管理主要经历了以下的过程。

1950年，开始对公立学校进行接管，对接受国外资助的学校进行接收，对私立学校进行接办，对旧的高等教育管理体系进行改造。

1952—1953年，为了适应工业化发展的需要，高校院系进行了相应的调整，侧重发展高等工程技术教育，新设12种类型的工业专门学校，工科专业占高校专业总数的一半，许多大学都将理工作为发展的重点。这一时期的高等教育主要为本科和专科两级；1953年以后才开始招收研究生，且均为全日制，结构也比较单一。出于教育部与政府各有关业务部门协调的需要，发挥工业部门办学的积极性，高等学校分成高教部直属、中央各业务部门直属、各大区直属、省市自治区直接管理四类，形成"条块分割"的管理格局，这对当时各个地区的办学积极性，推动新中国工业的起步都产生了重要的影响。在高校管理体制上，行政手段占主导，高等教育自身的作用发挥不出来，在后来的发展中它的弊端也逐步开始显露。

1958年9月，国家提出在未来15年的时间里让那些想接受高等教育的人有条件接受高等教育。之后，高校数量激增，高等教育结构也发生了很大的变化。全国高校从1957年的229所发展到1960年的1289所，办学形式趋向多样化，全日制、半工半读制以及各种形式的业余学校大量出现。之后，高校的数量和高等教育各种资源的缺乏之间的矛盾逐渐凸显出来，结果导致教学质量下降，一些盲目发展的学校不得不下马。

20世纪50年代末中苏关系发生变化和60年代末开始的"文化大革命"运动，对中国的高等教育产生了严重的影响，甚至使中国的高等教育事业一度出现了停滞现象。随着20世纪70年代末普通高等学校入学考试制度的恢复，我国各种类型的高等教育也逐渐开始恢复、整顿、调整和发展。一些原有的业余院校也逐渐恢复发展起来，企业中的"七·二一"大学经过整顿，改建为职工大学。同时，1972年始办的广播电视大学、全国高等教育自学考试等也发展很快。积极利用社会办学资源和力量，以灵活的办学机制满足社会不同层次的需求，对于促进高等教育的发展和竞争局面形成是有积极意义的。

1977年以来，我国恢复了全国统一的高等教育高考制度。当时的"集权"不是照搬"文化大革命"之前的高等教育管理模式，而是为适应经济体制改革的要求，中央和地方对原有的高等教育管理体制有选择地扬弃和调整。

1977年8月，邓小平同志提到教育和科学的体制和制度问题，指出，当时的教育需要一个全面的组织来计划、安排和协调。1981年，恢复中央对地方统一领导的工作在全国范围内基本完成，中央和地方呈现出两级管理模式。

随着党的十一届三中全会的召开，我国社会主义建设进入发展的新时期。在大会精神的指导和鼓舞下，高校"扩大办学自主性"的愿望和要求更加强烈。

1979年以来，上海交通大学在全国率先进行改革创新。学校以人事、劳动、分配制度为核心，进行了管理体制改革。由此开始，全国高校内部的管理体制改革逐步拉开帷幕。

1984年，我国开始实行有计划的商品经济体制。在这样的经济环境下，我国教育事业也有了新的发展要求与目标。1985年5月，中共中央发布《关于教育体制改革的决定》，该决定指出了当时我国高等教育管理体制存在管理杂乱无章、避重就轻的问题。这一决定的发表为新时期中国高等教育体制改革揭开了序幕。

党的十四大以前，教育改革是在与高度集中的计划经济体制相适应的教育体制的大框架内进行改革的，之后面对的是逐步建立的社会主义市场经济体制，形势要求教育体制进行根本性的改革。教育的管理工作，面临着由留意过程管理转向留意目标管理；由主要依靠行政手段转向重点运用立法、拨款、信息和政策指导等手段进行管理；教育行政部门将由对学校内部事务干预过多的状况，转向主要拟定法规、规划、政策和为基层服务的宏观管理。

为此，1993年2月13日中共中央、国务院正式印发《中国教育改革和发展纲要》。1994年7月3日发布了《国务院关于〈中国教育改革和发展纲要〉的实施意见》。两文件提出：高等教育改革重点要放在促进多种形式的联合办学，逐步改变高等学校"条块分割"办学和管理体制方面存在的弊端；通过必要的政策导向和社会需求的调节机制，促进国家教委所属院校、中央业务部门所属院校、地方所属院校之间，以及地方院校之间的联合，鼓励普通高等学校和成人高等学校之间的联合与协作，合理调整高等教育布局，优化高等教育结构，提高办学效益；到2000年基本形成中央和省级政府两级管理、以省级政府为主的办学与管理的条块结合的新体制框架。

1998年是高等学校管理体制改革取得严重突破的一年。在国务院机构调整中，机械工业部等9个撤并部门的91所普通高校实行由中央与地方政府共建共管，其中81所实行以地方管理为主的管理体制，10所成为教育部直属高校。72所成人高校基本转为地方管理。

1999年上半年，实施了对原兵器、航空、航天、船舶、核工业等五大军工总公司所属的25所普通高校、34所成人高校管理体制的调整。其中，7所普通高校划归国防科工委管理，其余普通高校实行中央与地方共建，以地方管理为主。

2000年，教育部印发《关于实施"新世纪高等教育教学改革工程"的通知》，启动"新世纪高等教育教学改革工程"。

2007年，教育部、财政部印发《关于实施高等学校本科教学教学质量与教学改革工程的意见》，"高等学校本科教学质量与教学改革工程"启动。

2010年后，逐步建立了以地方管理为主的中央和地方两级高等教育管理体制。2010年《国家中长期教育改革与发展规划纲要（2010—2020）》发布，这是进入21世纪后中国第一个教育规划，提出要坚持和完善党委领导下的校长负责制，推进政企分开，落实和扩大学校自治。

2011年，"本科教学工程"实施意见正式发布。

党的十八大以来，随着一批标志性、引领性改革举措的颁布和实施，我国高等教育发展走上了快车道。

2018年6月21日，教育部召开改革开放40年来首次全国高等学校本科教育工作会议，吹响了建设一流本科教育的集结号。8月，教育部印发《关于加快建设高水平本科教育 全面提高人才培养能力的意见》，被称为"新时代高教40条"，确立了未来5年建设高水平本科教育的阶段性目标和到2035年的总体目标，并推出了"六卓越一拔尖"计划2.0版本。在基础研究领域，《高等学校基础研究珠峰计划》出炉，布局建设脑科学、量子信息等7个前沿科学中心，以大团队、大平台、大科学计划，推动我国高校基础研究向高峰挺进。

未来，中国高等教育将通过大力发展新工科、新医科、新农科、新文科，形成覆盖全部学科门类的中国特色、世界水平的一流本科专业集群。

第二节　新时代高校教育管理的理论基础

作为人的一种理性行为，管理是人类社会才会有的一种现象。随着社会的不断发展与知识经济的迅猛发展，哲学家、社会学家、法学家、教育家以及心理学家等，都对人类社会的管理现象与实践经验进行了深入的探索与研究。由于其出发点与知识背景等方面的不同，导致其管理理论也千差万别。这些管理理论对我国学校的管理产生了极为广泛、深远的影响。本节主要对教育管理的理论基础进行概要的论述。

一、科学管理理论

1911年，美国著名管理学家泰勒出版了《科学管理原理》一书，这标志着现代管理理论的形成。《科学管理原理》一书中的内容奠定了科学管理的理论基础，泰勒也因而被称为"科学管理之父"。

（一）科学管理理论的基本观点

对泰勒的科学管理理论进行综合分析，我们可以将其核心观点总结为以下几点：

其一，进行科学管理的目的与中心是提高劳动生产率。每一项工作的每一项要素，都应提出最佳的操作方法，并以此代替旧的经验方法。

其二，将计划职能与执行职能分开。泰勒认为，"要一个人在机器旁劳动，同时又在办公桌上工作，事实上是不可能的"。基于这一考虑，泰勒提出了管理者应与劳动者相分离的观点。

其三，劳动生产效率的提高，必须科学地选出一流的工人作为每个岗位的"排头兵"。与此同时，工人还必须要掌握标准化的操作方法，使用标准化的工作机器与材料，从而使工作环境标准化。

其四，所有的工作方法都必须通过相应的考察，并由管理人员来决定。管理者的所有管理行为都应采用科学的方法。此外，管理人员还必须与工人进行紧密的合作，以保证所有的工作都能够按照已建立的科学原则进行。

其五，运用科学的方法对生产过程进行观察与实验，并测定各项作业所需的时间，如进行动作分析、时间分析，并规定出高度标准化的工作程序与相关的操作方法。在这个基础上，从而提出工时定额原理，并进一步规定一定时间应完成的劳动定额。

其六，监督制度不仅能够保证对生产与雇员的行为有更紧密的控制，同时还能保证生产工人与高层管理人员之间的沟通。

其七，实行有差别的计件工资制度。具体来说，就是在对劳动定额进行科学确定的基础上，实行富有刺激性的级差计件工资付酬制度，以此激发工人的积极性，提高劳动生产率。例如，可以对超额完成工作定额的人支付正常工资的125%，以示鼓励；而完不成工作定额的人，只支付正常工资的80%，以表示惩罚。

（二）科学管理理论对教学管理的影响

科学管理理论最早在工矿企业的管理实践中得到应用，并很快在教学管理中发挥其效用。1913年，在美国教育联合会视导分会的年会上，新泽西州牛顿学区视导员斯鲍尔丁报告了他自己是怎样把泰勒的管理理论运用到牛顿学区制度中的，并细致分析了泰勒的科学管理理论的优点。除此以外，斯鲍尔丁还将泰勒的科学管理方法运用到经济计划、财政以及关于教育消耗的控制上，并进一步指出，提高教育效率的关键在于对教育消耗的控制。斯鲍尔丁指出，学校组织的总体效率与工作人员的生产率之间有着直接相关性，因而可通过对教师工作任务的分配、教学支出的调整来进行合理控制。

芝加哥大学的富兰克林·博比特教授将泰勒的管理理论应用到了教学管理实践之中。博比特认为，学校管理者要以泰勒的科学管理理论指导自身的工作，就必须深入研究这种有效管理形式的基本原则，同时还要弄清楚运用于教学管理与视导问题的可能性。除此以外，博比特还指出，要真正提高学校行政工作的效率，就必须要从以下几个方面做起：其一，应确定学校"产品"的理想标准；其二，教师还必须具备一定的资格与工作准则；其三，必须对学校的"生产方式"与程序进行相应的规定。这是泰勒的科学管理理论在教学管理方面的具体反映。

到了20世纪30年代，泰勒的科学管理理论受到了一些学者的批判并逐渐衰落，但其对于人类管理的理论与实践的影响力却并没有因此而减弱。泰勒的思想进一步渗透到了法约尔、古利克、厄威克及蒙雷等提出的管理过程理论中。

二、一般管理理论

1925年，法国科学管理专家法约尔出版了《工业管理与一般管理》一书。法约尔因此成为管理史上第一个明确提出并阐述一般管理理论的人。法约尔从宏观角度出发研究企业内部的管理，从经营职能中进一步分离出管理活动，并总结出能够用于不同类型企业的一般管理原则，即管理活动的五大职能：计划、组织、指挥、协调与控制。法约尔指出，管理并非少数人的特权或责任，而是贯穿于整个组织活动过程中的。因而每个人在一定程度上都参与管理，其责任与参与程度是随着个体在等级制中的升迁而逐渐增加的。法约尔的这种一般管理理论与泰勒的科学管理理论有着明显的区别。对法约尔的一般管理理论进行综合分析，我们可以将其核心内容概括为以下几个方面：

第一，管理活动主要有五项基本要素，这也被称为管理活动的五种一般职能，即前面所提到的计划、组织、指挥、协调与控制。这五种职能共同构成了一个系统的管理过程。

第二，法约尔还概括出了十四条可以应用于一切事业的管理活动的相关管理原则，其分别为：劳动分工；权限与责任；纪律；统一命令；统一指挥；个别利益服从整个利益；职工的报酬；集权化；等级链；秩序；公平；稳定人员；首创精神；集体精神。法约尔的这十四条原则对管理与教学管理都具有非常重要的指导意义。

第三，与管理过程不同，生产过程解决技术性问题。

第四，对待高层与基层管理人员的要求应有所差异，其阶层越高，管理职能的比重越大，对管理能力的要求也就相应越高。

古利克与厄威克进一步发展了法约尔的一般管理理论。他们指出，管理的最基本的原理是劳动分工，分工专业化水平越高，其效率就越高；一个独立的部门可以运用主要目标、主要过程、服务对象与地点这四种不同的项目，从而对职位进行分组，并以此确定职位。

三、人本主义管理理论

人本主义思想最早可追溯至古希腊，形成于文艺复兴时期，在启蒙运动时期得到了较大的发展，后在现代社会中得到了不断的完善。随着人本主义的不断发展完善，其逐渐开始渗透到了管理学当中，并形成了人本主义的管理理论。该理论在20世纪30年代最先以"人际关系理论"的形式开始，后经过进一步发展，以"行为科学管理理论"的形式广泛运用于各项管理活动之中。人本主义管理理论在教学管理方面有着深远的影响，本书在这里将对这一管理理论进行简要的介绍。

（一）人际关系理论

在1922—1932年期间，人际关系理论的主要代表人物梅奥在美国西方电气公司芝加哥霍桑工厂进行了一系列的、有关人类行为的实验，这一系列实验又被称为"霍桑实验"。霍桑实验主要以研究心理因素与社会因素对工人劳动过程的影响为主，人际关系理论也就是在这个实验的基础上所形成的。

霍桑实验总共分为四个阶段：第一个阶段为照明实验；第二个阶段进行的是福利实验；第三个阶段为访谈实验；第四个阶段进行的是群体实验。梅奥在霍桑实验的基础上撰写了《工业文明的人类问题》一书，该书系统地论述了人际关系理论，并奠定了行为科学管理理论的基础。总而言之，梅奥人际关系理论主要有以下几个核心观点：

首先，每个人的行为都具有复杂性。从现实角度来看，人的行为既有合乎逻辑的，也有不合逻辑的，因而管理人员并不能简单处理。

其次，个人的工资、工作条件与生产率之间没有必然的直接联系。人是社会中的人，每一个职工并不是孤立存在的，而是作为一名群体成员而存在的，其属于一种社会存在。

再次，每个人都生活在一定的群体之中，群体行为对个体有很大的影响。群体可以分为正式群体与非正式群体。管理人员对于这两种形式的群体都应给予相应的注意。

最后，在现代组织中，个体不仅要有工资的增加，同时还需要友谊、情感、安全、归属感与尊重。因而，组织必须满足个人的这种社会需要。

根据梅奥的人际关系理论，学校管理者必须正确对待教职员工，其不仅要充分尊重教职员工，同时还要与他们进行适当的沟通。与此同时，还必须注意增强管理者的民主管理思想，从而让每一位教师都能够通过一定的方式参与到教学管理中。

由于人际关系理论过分强调个人的社会需要，对工作的责任感没有足够的重视，并且割裂了完成工作任务与满足个人需要之间的关系，再加上其可行性与操作性都较差，因而受到学术界的批判。

（二）行为科学管理理论

在梅奥的人际关系理论问世以后，越来越多的社会学家、心理学家与人类学家开始运用多学科协作的办法来研究人的行为与原因，研究如何调动人的积极性才能提高工作效率，并在此基础上形成了行为科学派。具体来说，行为科学管理理论的观点主要是对三个问题的研究：其一，人性问题；其二，人的需求、动机与激励问题；其三，领导行为问题。其具体内容如下所述。

1. 人性问题

客观来说，人类社会中的任何管理活动都是由管理者与被管理者双方共同完成的。在管理过程中，首先必须真正弄清楚什么是人，然后才能进一步考虑用什么方式影响人。在行为科学管理理论中，人并非"经济人"，而是"社会人"。

2. 人的需求、动机与激励问题

人具有感情、理智、欲望与需求。行为科学管理理论认为，人的行为主要是由动机支配的，人的动机则是由其需求所引起的。因此，想要调动人的积极性，就必须提高管理的效率，其关键在于满足人的需求。美国社会心理学家马斯洛针对人的需求提出了"需求层次说"。马斯洛认为，人的需求可以分为五个层次，由低到高依次为生理需求、安全需求、社交即感情和归属的需求、尊重的需求、自我价值实现的需求。具体来说，只有在满足了低层次的需求后，才会出现高一层次的需求。

在管理活动中，要想提高人们的工作效率，管理者的管理行为就必须适应行为科学的激励理论。

3. 领导行为问题

领导者是群体管理活动中的重要角色。一般来说，领导者的行为会对群体成员的行为产生较为明显的影响。行为科学管理理论研究者就不同领导行为对管理效能的影响这一问题进行了相应的探讨。他们认为，在管理工作中，领导者必须将关心人与关心工作，将以人为中心与以工作为中心结合起来。

行为科学管理理论试图将组织与个人统一整合起来，这样一来更符合组织管理的工作实际。在教学管理过程中，管理者必须将学校的教育目标与学生的发展目标相统一；既要善于分析、研究教职工及学生的需要层次与结构，同时还要改善与外界的人际关系；学校管理者要不断扩大领导者集体的影响力；管理者还应注重教职工群体或个人对决策的参与、合作与计划等。

四、组织管理理论

德国社会学家、经济学家韦伯提出了组织管理理论，因而被称为"组织管理之父"。韦伯管理理论的重心在于组织制度的科学化与体系化。韦伯指出，任何一个组织都必须以某种形式的权力作为基础，才能实现个体的目标。与此同时，韦伯还对由人们崇拜上帝而获得的神授权力与由世袭而获得的传统权力进行了深刻的批判。他指出，这两种权力在本质上都属于非理性的，且不能作为理想组织体系的基础，只有建立在法律基础上的行政组织权力才是合理、合法的。

韦伯对组织、权力与领导等一系列问题进行了全面且系统的探讨。在《社会组织和经济组织的理论》一书中，韦伯指出，过去的组织是以传统权力与魅力权力这两种权力类型为显著特征的。其中，传统权力是由过去继承而来，建立在对古老传统的神圣性以及行使权力的职位的合法性的信念上；魅力权力则来自个体超凡的个性品质，建立在人们对其神圣性、英雄主义或模范品格的忠诚之上。在现代社会中，"法制权力"逐渐开始取代这两种权力。理性是"法制权力"的基础。具体来说，韦伯的组织管理理论主要包括以下几个核心观点：

第一，任何组织都必须以某种形式的权力作为基础。权力不仅能够克服混乱，建立秩序，而且还能使组织达到目标。理想的行政组织模式应当是建立在理性与严格法规基础上的职位、职权与职责系统。只有使组织体系具有准确性、稳定性、纪律性、可靠性，才能使工作效率得到提高。

第二，在组织中，人员与人员之间的关系并非个人感情关系，对组织内各成员只讲理性（制度要求、纪律、原则），而不讲感情。

第三，不同人员的职责、权利、义务、工资、奖罚等都应严格按照明文规定来执行。

第四，组织作为一个金字塔形的"层峰结构"，应将其组织内部分为自上而下的等级，其中每个等级都承担不同的职务、责任与权力。

与科学管理理论以及一般管理理论相比，组织管理理论对教学管理的影响更为深刻。客观来说，学校组织的许多特征与韦伯的组织管理理论的契合度更高。具体来说，其表现为以下几个方面：其一，学校组织的理性化程度较高；其二，学校内部存在着明确、严格的纪律与规章制度；其三，学校中的教职员工是根据自己的职务、责任、工作量领取工资；其四，学校组织具有分工的专业化特点。

根据韦伯的组织管理理论，我们可以看出，要提高学校的管理效率，就必须在学校建设工作中保证学校组织管理体系的程序化与规范化。但是，由于学校组织本身的特殊性，教师与学生之间的关系并非韦伯理论中所根据的等级式，学校组织内部往往会存在一些管理人员与教师、学生之间的矛盾与冲突。出于这一方面的考虑，韦伯的组织管理理论遭到了学术界许多学者的批评，但它迄今为止依然对学校的管理有着重要的影响。

第三节 新时代高校教育管理的特点与原则

一、高校教育管理的特点

高校教育管理在高校各项管理工作中的重要位置及教学活动的特殊性，决定了高校教育管理具有能动性、动态性、协调性、教育性和服务性等特点。

（一）高校教育管理的能动性

高校教育管理的能动性是指人的主观能动性。高校教育管理的对象主要是教师和学生。能否充分有效调动教师"教"和学生"学"的积极性，是衡量高校教育管理工作成效的主要标准。在高校教育管理中，教师和学生具有双重身份，教师作为对学生学习活动的组织者、指导者时属于管理者，发挥管理者的职能，而作为高校教育教学活动的执行者时则属于管理对象，履行管理对象的职能；学生既是学校和教师的管理对象，又是自身学习活动的自我管理者；教师与学生无论是管理者还是管理对象都具有主观能动性，彼此相互影响、相互促进。

（二）高校教育管理的动态性

高校教育管理涉及的每个环节都处于动态发展的环境中，如培养方案的制定要随着社会经济的发展更新、完善，教学运行的管理要随着学校教学条件的变化进行合理调整，教学质量的评价体系要随着建设内容的变化不断地进行更新等。在不断变化中总结和提高，使高校教育管理水平和质量螺旋式向上发展。

（三）高校教育管理的协同性

高校教育管理的主要任务是协调好学生的个体活动和学校、教师组织的集体活动，充分发挥教师、学生的个性，有益于个人和集体的协同发展。

（四）高校教育管理的教育性

高校教育管理人员通过合理制定管理制度，有效实施管理过程，奖惩分明，帮助学生实行自我教育、自我管理、自我服务的"三自"管理，达到育人的最终目的。

（五）高校教育管理的服务性

高校的中心工作是育人，高校教育管理要围绕教师"教"与学生"学"做好服务工作。增强服务意识是对高校教育管理人员最根本的要求。

二、高校教育管理的原则

所谓高校教育管理原则，就是指人们在高校教育管理活动中应当遵循的行为准则和基本要求。高校教育管理原则既来源于人们对教育管理活动规律和客观属性的认识，同时也来源于人们对教育管理实践经验的总结和概括。高校教育管理原则与教育管理活动规律具有密切的关系，同时又具有本质上的不同。具体来说，教育管理活动规律是客观的，其存在不会以人们的意志而转移。无论人们认识或者未认识、发现或者未发现，教育管理活动规律都是客观存在的。因此，对于教育管理活动规律，人们只能去发现它、认识它、利用它，而不能人为地去创造它或消灭它。相比之下，高校教育管理的原则是人们按照对教育管理活动规律和特性的认识而主观提出、人为制定的，其属于一种人的主观产物。这也就是说，人们提出或者制定了什么样的教育管理原则，在学校的实际管理工作中就存在什么样的原则。至于人们提出或制定的教育管理原则是否合理、是否科学，关键是看其能否如实地反映教育管理活动规律，以及能否符合人们对教育管理活动的价值需要。

在当今学术界，学者们关于高校教育管理原则的具体内容还存在一些不同的看法，并且将其概括成了不同的条目。之所以会出现不同的看法，一方面说明教育管理原则涵盖的内容范围非常广泛且复杂；另一方面也说明人们概括的角度、层次、视野等存在着很大的差异性。结合我国当代的教育管理实践，我们认为，应当重点突出系统有序、能级分明、动力激发、弹性灵活、反馈调节、依法治教等当代教育管理的原则。

（一）系统有序原则

高校教育管理的系统有序原则是根据管理学领域的系统性原理所提出的。管理学中的系统性原理重点揭示了管理对象领域中系统与环境、要素与要素之间的必然联系。系统是由若干个相互作用、相互依赖的要素结合而成的、执行特定功能、达到特定目的的有机整体；同时，系统具有相关性、结构性、整体性、目的性等客观属性。按照系统性原理，当代高校教育管理活动应当坚持系统有序的原则，即一定要有系统思维，统筹观念，并且要按照系统的相关性、目的性、整体性和结构性等属性开展高校教育管理工作。从客观角度来说，任何管理对象领域都可被看作一个系统。在高校教育管理中贯彻系统有序原则，应当做好以下几点。

1. 明确办学宗旨、培养目标

从本质上来说，任何系统都具有其特定的功能。对于一所学校而言，作为一个由学校管理者、教师、学生、教学设施、教学内容等多种要素结合而成的社会系统，其存在的价值集中体现为其人才培养的基本功能。在高校教育管理工作中，如果偏离了这一功能，就会丧失学校作为一个独立的社会系统所存在的价值。

如上所述，在高校教育管理中贯彻系统有序原则，首先要紧密结合学校培养人才这一基本目标和功能，在此基础上开展各项工作。在学校的发展过程中，学校管理者对人力、财力、物力、时间、空间等各种办学资源的配置，对学校内部各种组织机构的建立及其职责的确定，对德育、智育、体育、美育、劳育以及总务、后勤、人事等各项工作的管理与要求，都要紧密围绕着提高人才培养质量这一根本目的来进行。

在高校教育管理工作中，还必须树立全局观念，全面规划，统筹兼顾。具体来说，学校管理者要从系统的整体性和相关性出发，在处理每一个局部问题时，都要做到统筹兼顾，既见树木，又见森林，而不能拆东墙补西墙，顾此失彼。在拟定和实施任何一项管理措施时，都必须考虑到"牵一发而动全身"的整体效应。在制定管理决策和计划之时，不但要考虑到眼前效益，也要具有长远的战略眼光，避免因过于注重近期效益而忽视长远效益，因局部优化而损害整体优化的情况。

当前，还是有一些学校不注重"前人栽树，后人乘凉"的长远工程，甚至不惜以牺牲长远利益来满足当下利益。这样的高校教育管理理念和行为，显然是有悖于系统有序原则的，不利于学校的可持续发展。因此，必须对这种行为进行坚决的抵制。

2. 注意系统整体优化

系统是由要素组成的。系统的功能不等于组成它的诸要素功能的机械相加，且系统的总体功能大于各要素功能相加之和。若干个要素在组成了一个系统之后，系统便具备每一个单个要素所完全不具备的新特质和新功能。

对于一所学校来说，各要素的局部性能越好，其整体性能往往也就越好。但是，这并不是绝对的正相关。当要素局部功能的发挥超出了系统的总体要求时，就可能会影响到系统的整体优化。这就意味着，在高校教育管理工作中贯彻系统有序原则，必须注意学校系统的整体优化。只有当学校各部门、各成员的工作密切配合的时候，才能够取得学校全局工作的成功。如果学校内部的各部门、成员都注重本位主义，只顾本部门的利益和个人利益，完全无视学校的利益，就容易出现部门之间各自为政，甚至相互防范、拆台的现象。在这种情况下，学校的整体工作必然会乱套，其培养人才的功能也将不能得到很好的实现。

（二）能级分明原则

能级分明原则是依据管理学的能级性原理提出的。其中，能是指事物做功的本领；级是指不同事物做功的大小是有层次级别的。客观来说，一定的管理结构必然是由不同层次、不同能级的要素所组成的复杂系统。在这样的系统中，每一个要素都根据其本身的特性而处于不同的地位，以此来确保系统结构的稳定性和有效性。依据能级性原理所提出的能级分明的管理原则，要求管理者要把本系统内的人力、财力、物力等管理要素和机构等管理手段，按照其能量的大小进行明确分级，从而使各要素、各手段动态地处于相应的能级岗位之中。在此基础上，还应当制定出每个能级岗位所对应的行动规范和操作标准，从而建立管理系统的稳定结构，进而确保系统整体目标的实现。

将管理学的能级性原理应用于当代高校教育管理活动中，要求在教育管理实践中遵循能级分明的原则。对于一所学校而言，在贯彻能级分明原则时必须从以下几个方面做起。

1. 建立能级分明的教育管理组织结构

为了保证高校教育管理活动的顺利开展，教育管理组织结构应当是一个能级层次明确的"上锐下宽"的金字塔结构。一般来说，教育管理组织结构的整体可以被分为四个能级层次：即领导层、管理层、执行层、操作层。其具体如下所述。

（1）领导层。

教育管理组织结构的领导层通常由校长、书记等校级领导成员构成，也被称为决策层。具体来说，教育管理组织结构的领导层的主要职能就是对整个学校的教育方针、目的等宏观层面进行决策和指挥。

（2）管理层。

教育管理组织结构的管理层主要包括政教处、教导处、总务处等中层管理层及其管理人员。一般来说，教育管理组织结构的管理层的主要职责通常是通过开展组织、协调等活动以实现领导层的宏观决策意图。

（3）执行层。

教育管理组织结构的执行层则主要由教研组、年级组、班级等构成。具体而言，教育管理组织结构中执行层的主要职责是贯彻落实各项指令，具体组织、实施教育教学活动。

（4）操作层。

教育管理组织结构的操作层是由全体教师所构成的，其也被称为基础层。他们的主要职责是完成各项具体的教学工作任务。

在高校教育管理实践中，教育管理组织结构除了上述这种正三角形结构之外，还有其他一些结构，如梯形结构、菱形结构以及一条横线形结构等。但是，这些都属于能级层次不合理、稳定性较差的教育管理组织结构。梯形结构说明决策层存在着多头领导，容易出现各自为政、群龙无首的局面；菱形结构说明底层操作人员少，而中间管理人员多，属于典型的机构臃肿；一条横线形结构则说明没有能级层次和结构，完全属于一盘散沙、乌合之众。因此，贯彻能级分明原则要在学校建立金字塔形状的教育管理组织结构。除此以外，还必须设置好每一能级层次的管理跨度。具体来说，如果管理跨度过小，就可能出现管理人员过多、人浮于事的局面；如果管理跨度过大，则容易造成管理人员任务过重，无法管理、调控的现象。

2.对于不同的能级岗位授予不同的职、权、责

在高校教育管理组织结构中，不同的能级岗位的职能不同，贡献大小不同，对其所赋予的职、权、责以及应享受的物质利益和精神荣誉等，也就应当有所区别。这是在教育管理实践中贯彻能级分明原则十分重要的一点。从学校发展的现实角度来说，如果能级岗位层次不同，而职、权、责等却没有任何区别，则必然引起教育管理工作的混乱。由此我们可以看出，让学校中不同能级岗位的人员"在

其位，司其职，行其权，负其责，取其酬，获其荣，惩其误"，是贯彻能级分明原则的关键所在。

3. 保持教育管理系统内人员的合理流通

在高校教育管理工作中，管理者必须认识到，人的才能和素质总是处在不断的发展变化之中的，管理能级岗位对人的素质要求也在持续发生着变化。因此，必须保持高校教育管理系统内人员的合理流通，使不同的成员在动态过程中能够较好地适应其所处的能级岗位。由此可见，在教育管理组织结构中，需要不断增强教育管理系统吐故纳新、新陈代谢的能力。

4. 知人善任

学校中有不同的能级岗位，每个教职员工之间也存在着能量大小和才能特长方面的差异。因此，贯彻能级分明原则，就是将具有不同能量和才能特长的人尽量配置到与其相适应的能级岗位上。具体来说，可以把能力较强的人放置到能级层次较高、较为重要的工作岗位上，使其所承担的工作任务与其能力相匹配、相适应。例如，在教学任务的分配上，可以将那些业务水平高、教学效果好、职称较高的教师分配到相对重要的教学工作岗位上。对于一些新教师，则可以让他们承担一些相对较为次要的教学工作。

除此以外，在高校教育管理实践中还要注意用人之长、避人所短。例如，有些教师的科研能力较强，组织管理能力较弱，学校就应当多给他们安排科研任务，少安排一些组织管理方面的工作。

（三）动力激发原则

动力激发原则源自"以人为本"的教育管理规律，其也称为调动人的积极性原则。从本质上来说，在教育管理的诸多要素中，教师是最为活跃、最为积极、最为根本的因素，教师积极性的发挥程度与教育管理活动的动力和效益呈正相关。因此，在办学的过程之中，学校管理者必须牢固地树立以教师为本的思想，最大限度地调动教师的积极性，以便激发他们在教育、教学、管理等工作中的能动性、创造性。行为主义理论认为，人的积极性或者行为动力通常来自人类的三大基本需要，即物质需要、精神需要和信息需要。所以，要调动教师的积极主动性，也就需要充分地激发广大教师的物质动力、精神动力和信息动力。[①]

---

① 金玲芬，虎志辉. 完善教学管理制度 更新教学管理理念[J]. 教育教学论坛，2020（22）：13-14.

1. 激发教师的物质动力

《管子·牧民》曰:"仓廪实而知礼节,衣食足而知荣辱。"毛泽东同志也曾经强调:"我们不能饿着肚子去'正谊明道',我们必须弄饭吃,我们必须注意经济工作,离开经济工作而谈教育或学习,不过是多余的空话。"教师是知识分子,但其同时也是人,其有维持衣、食、住、行等最基本的物质需要。满足这种基本的物质需要是调动教师积极性最为基本的动力所在。假如在教育管理工作中,连教师最为基本的物质需要都不能给予保障和满足的话,那么调动教师的积极性也就会完全成为一句空话。

20世纪80年代初期至90年代后期,我国高校教师队伍中教师"跳槽""流失"的现象较为严重,其中一个重要的原因就是教师的收入水平太低、经济待遇太差。

进入21世纪后,我国高校教师队伍趋于稳定。这与国家积极改善教师工资待遇的政策有着密不可分的关系。21世纪初,北大、清华两所高校率先在本校实行教师岗位津贴制度。其后,全国许多高校纷纷效仿,使高校教师岗位津贴制度成为一项虽无国家文件明确规定,但却约定俗成、普遍实施的高校内部分配制度。根据这种高校教师岗位津贴制度,我国高校教师在原有的国家工资之外,又额外增加了一笔收入,收入水平得到了显著的提高,较好地改善了其生存状况。与此同时,大学教师的社会地位和职业声望也得到了大幅提高。高校教师岗位津贴制度的实施有效地推进了高校师资队伍建设工作,将大量优秀人才吸引和稳定在各级各类教师岗位上,使高校教师队伍的士气得到了鼓舞,充分地调动了广大教师的工作积极性。

需要指出的是,在学校内部管理方面仍然存在着如何激发教师物质动力的问题。例如,当前大多数学校都存在校内岗位津贴发放制度。在校内津贴发放的办法之上,要充分激发教师的物质动力,就需要将教师的物质报酬与教师的劳动绩效紧密挂钩,真正体现"多劳多得""优劳优酬"和"生产要素参与分配"的原则。

学校在发放校内津贴或奖酬金时,也要注意到刺激量的概念。假设一所学校年终有15万元的总奖金额,共有教职工200名。如果将奖金分为400元、500元、600元三个等级普遍发放,那么即使工作最差的教师也可得到400元的奖金;而工作成绩最突出的教师,也只能获得600元的奖金额。根据这种奖金分配方式,15万元奖金的实际刺激量就只有200元(即600元减去400元)。这样小的刺激量通常难以真正起到促进和激发教职工物质动力的作用。假如将15万元的奖金设置成只有最突出的前15名教师才能获得,按每人1万奖金的方式来发放的话,那么在全校200名教职工中就只有15个人能获得奖金。在这种奖金发放制度下,虽然奖金的刺激量很大、很有诱惑力,但很可能导致许多教师因为获奖的概率过小从而放弃努力。因而这种奖金发放制度难以起到大面积调动教师积极性的作用。由此我们可以看出,在发放校内津贴或奖酬金的问题上,必须合理地把握好刺激量大小的度。这是需要学校管理者悉心研究、仔细琢磨的问题,也是校内津贴或奖酬金能否切实发挥激励教师物质动力的关键。

2. 激发教师的精神动力

教师作为社会中的一员,其不仅有物质方面的需求,同时也有精神方面的需求。根据马斯洛的"需求层次理论"可知,当人的"生理"和"安全"需求获得满足之后,人就会产生"社交""尊重"和"自我价值实现"等精神需求,而这也是由人的社会本性所决定的。教师作为人类灵魂的工程师,在传承文明、启蒙智慧、培育人才等方面,更加注重在精神方面的追求和满足。从这个角度来看,在当代教育管理活动中,调动和激发教师的精神动力有着十分重要的意义。

从根本上来说,教师的精神动力来自对教书育人工作的责任感和使命感,来自他们对党的教育事业的忠诚信念,来自对教育、教学工作本身的兴趣和热爱,来自对学生的关心、爱护和人道主义的良心、道义,也来自教师在做好本职工作过程中所获得的精神鼓舞与奖励,如领导赏识、荣誉表彰、同行尊重、学生爱戴以及个人自我价值的展示与实现等。在教育管理活动中,发挥教师的精神动力,就是要善于从激发和满足教师的上述精神需求入手。

结合我国高校教育事业发展的现状,各级各类学校在激发教师精神动力时,必须重点做好以下几个方面的工作:

第一,高校管理者要坚持"以人为本",真正做到尊重、关怀和理解教师。在对教师的管理工作中,要力求凸显人性化特点,体现人文关怀。在高校教育管理实践中,学校管理者在与教师接触时,应当做到平易近人、虚怀若谷、坦诚相待,切忌面孔冷漠、官腔官调、架子十足等管理风格。总而言之,在教育管理中,学校管理者应当想方设法营造一个和谐、民主、平等、友善、团结的校园文化氛围。

第二,在高校教育管理工作中,可以适当地实施一些必要的精神奖励,如评先选优、荣誉表彰、提职晋级等,增强教师的荣誉感和上进心,形成鼓励先进、鞭策后进的良性竞争机制。

第三，要通过加强思想教育，切实增强广大教师的责任感和敬业精神，使他们形成忠诚于祖国的教育事业的崇高志向和"春蚕到死丝方尽，蜡炬成灰泪始干"的职业奉献精神。

第四，要切实关心和帮助教师解决各种实际问题，如住房改善、医疗保健、子女入托以及教师的身心健康等方面所存在的问题。如果问题确实难以解决，则应当耐心地做好解释、说服和教育劝导工作。

在高校教育管理活动中，必须坚持动力激发原则。客观来说，动力和压力之间存在着一种微妙的联系。适当的压力在一定条件下能够转换为动力。压力可以分为正面压力和负面压力。正面压力可以让人产生行为内驱力，负面压力则会让人产生紧张、焦虑、沮丧、愤怒以及挫败感。负面压力不但不会增强人的行为动力，还会阻碍、抑制、衰减人的行为动力，使人感到心力交瘁、无所依傍，并且导致人在某些方面的能力出现退化，甚至导致人的健康状况越来越差。由此可见，高校管理者必须正确处理动力管理与压力管理的关系，尽量对教师、学生等适当地施加一些正面压力，同时避免负面压力及其带来的消极影响。

3. 激发教师的信息动力

一般来说，教师掌握的信息越多，其工作的动力往往也就越大，工作成效也就越好。在人类社会中，教师作为知识的传播者和再生产者，如果他们不能够及时、大量地获取各种新知识和新信息，那么其素质就很容易逐渐退化，能量就会逐渐衰竭，继而丧失"传道、授业、解惑"功能。

物理学观点认为，任何物质的能量都存在"熵"的现象。这也就是说，一切能量都是不可避免地以一定速度在消耗着。例如，煤球被扔进火炉里，其能量总是要被消耗尽的。因此，要确保物质能量的持续，就必须不断地输入"负熵"。物理学中关于熵的观点非常符合教师劳动的职业特点。教师的知识也存在着"熵"的现象，即知识会逐渐陈旧。从本质上来说，这种知识的陈旧过程就是教师能量衰减的过程，为了保证教师的能量持续，就必须持续地输入"负熵"。具体而言，就是要让教师不断地学习新知识，掌握新信息，获得新技能。这一过程实际上就是给教师"充电"、发挥教师信息动力的过程。在当今"知识爆炸""知识折旧率加快""信息量倍增"的信息化和学习型社会时代，要做到这一点尤为重要。

在高校教育管理活动中，要充分发挥教师的信息动力，就需要从以下两个方面做起：

一方面，要建立健全能够使教师及时获取各种知识、信息的平台与渠道，还要有目的、有计划地组织教师进行必要的进修、学习和深造等活动。

另一方面，要通过思想教育等手段，激发广大教师的求知欲，使他们追求真理，渴求知识，热爱科学，坚持学习。

（四）弹性灵活原则

高校教育管理工作中所碰到的问题，可能大多数是千丝万缕、错综复杂的，而且其内部条件和外在环境皆处于动态的变化之中。因此，在制定、实施任何一项教育管理决策或者措施的时候，都必须保持一定的弹性，以保证伸缩回旋的余地。唯有如此，才能使教育管理系统在动态运行中保持平衡和适应机制，以实现和达成既定的目标。

具体来说，可以把管理弹性分为两类，即整体弹性和局部弹性。所谓整体弹性，就是指整个系统的适应性和应变能力，其标志着一个系统在整体上的共振性和张力。所谓局部弹性，则是指在管理系统的每一个环节上要具有可供调节、回旋的余地，尤其是要在一些重要的关键环节上保持充分弹性。简单而言，就是"大计划要有小自由"。

坚持弹性灵活原则，在高校教育管理活动中有着十分重要的意义。其具体表现为以下几个方面：

其一，高校教育管理所碰到的问题从来都不是单一因素的。在这种情况下，学校管理者对信息的获得不可能百分之百正确，所做出的决策和所采取的措施，也不可能绝对准确无误、万无一失。这就要求必须留有伸缩回旋的余地，以防过于极端。

其二，高校教育管理作为一种实践活动，必定产生一定的结果。一旦决策上出现失误而又没有补救措施和回旋余地，那么就会造成"一失足而成千古恨"。所以，科学而有效的教育管理活动，一方面要做到缜密周全、慎之又慎；另一方面又要保持充分的弹性，在刚柔并济之中达到左右逢源、应付裕如。

其三，高校教育管理对象总是处于不断运动变化之中，一些运动变化是能够预测的，有些则难以预测。针对这一实际情况，就需要在制定教育管理决策时留有一定余地，以应付突如其来、意想不到的各种情况。

其四，高校教育管理对象更多涉及人，而人具有许多不确定的因素。人既有共性，也有个性。人的个性千差万别。人的复杂性决定了教育管理活动不可能机械僵化地按照一套模式去运行，而必须做到审时度势、见机行事、机动灵活、因人而异。

对于一所高校来说，真正在管理工作中贯彻弹性灵活原则，就必须做好以下几个方面的工作。

1. 树立弹性管理理念

与其他领域的管理活动相比，教育管理活动具有周期长、见效慢、变量大、不确定等特点。出于这些方面的考虑，学校管理者在从事教育管理活动之时，必须时刻注意保持管理方法、手段和措施上的灵活性。具体来说，在经济管理活动中，一些刚性或者硬性的管理手段和措施可以直接运用，但在教育管理中就不一定适合。例如，下达明确的生产指标和任务并限期完成的管理方式，在企业管理中可实施，但却不适合在教育管理和科研管理上运用。又如，"任务承包制"可在企业管理中实施，但是就不适宜在学校的教育教学活动中运用。由此我们可以看出，教育管理活动必须按照其自身的特点，采取较为弹性、灵活的管理方式。

2. 发挥积极弹性，克服消极弹性

在当前的教育管理实践中，有的学校领导为了使工作主动、留有余地，总结出了"留一手"的经验。这里所说的"留一手"，就是指在工作中将任务定少点、目标定低点、人员留足点、经费多报点，以便能够留有充足的余地和充裕的人力、物力、财力等资源来完成管理工作。事实上，这种做法属于管理活动中的消极弹性行为，学校管理者应当自觉地加以防范和抵制。在教育管理实践中，学校管理者应当充分发挥积极弹性的作用。所谓积极弹性，不是"留一手"，而是"多一手"，即多几种准备、多几分思考、多几套措施。

需要强调的是，实施弹性管理主要是为了提高教育管理工作效益，而不是要从部门利益或者个人利益出发去进行教育管理活动。在教育管理的实践中，一些管理者"疏者严、亲者宽""戴有色眼镜"等做法完全违背了弹性灵活原则，其属于不良的管理作风和道德品质。

3. 把握好"弹性"和"刚性"之间的度

在教育管理工作中，管理者必须把握好"弹性"和"刚性"之间的度。具体来说，如果弹性过强而缺乏刚性，容易引发整个教育管理工作涣散，以至于出现无组织、无纪律、各自为战等现象。相反，如果刚性过强而缺乏弹性，又容易造成教育管理工作中矛盾重重，甚至会出现"卡壳""夭折"等现象，同时还容易导致整个教育管理系统缺乏生机和活力。

综上所述，我们可以看出，科学的教育管理必须做到刚柔并济、软硬兼施，掌握好"弹性"和"刚性"之间的度。

4.在管理方法上做到具体问题具体分析

对学校各项工作的管理,既要制定出明确的标准、严格的规章制度,同时在处理每一个具体问题时,也要注意做到因事、因人而异,因地、因时制宜,切忌教条僵化、故步自封。例如,在教育管理中,学校管理者的管理行为切记"一刀切""整齐划一",在对教师备课教案和讲稿的要求上,就应当对具有多年教学经验、轻车熟路的老教师和初上教学岗位的年轻教师区别对待。又如,在执行考勤制度时,就应将一些一心扑在教学上,但却因积劳成疾或某种客观原因而不得不缺勤、请假或迟到的教师与对那些经常随意请假、旷课、迟到、早退的教师区别对待。学校管理者在处理此类问题时,切忌不分青红皂白地一致处理,否则就可能会挫伤一些教师的积极性。

(五)反馈调节原则

所谓反馈,就是指信息指令中心对输出的指令信息的执行情况的再回收。客观来说,一个系统要维持正常运转,就需要对其组成各个要素的运动情况随时加以协调与控制,从而完成协调与控制的基本条件。在教育管理活动中,想要较好地完成既定目标,就必须切实贯彻反馈调节原则。

在教育管理实践中,要真正贯彻反馈调节原则,就必须有一个教育管理反馈机制。这就需要做到以下两点:

第一,要改变教育督导机构与同级教育行政部门之间的隶属或从属关系,使其机构、权力和责任能够相对独立出来,即从中央到地方建立起一个纵向垂直领导的教育督导体系。各省的督学由国家总督学委派进驻各省,仅接受国家督学的领导,而不接受各省级教育行政部门的领导。也只有这样,才能够确保各级督学或者督导机构的监督反馈职能可以真正得到发挥。

第二,要加强教育信息传递。在当前阶段下,我国各个高校都有一定的学术团队,专门进行教育科学研究。要贯彻反馈调节原则,他们就应当在发挥理论指导作用的同时,也注意进行教育情报信息搜集、整理、加工、过滤、反馈,并且向上级及时反映教育信息,从而发挥思想库、情报部和信息库的功能。

在高校教育管理实践中,只有建立健全反馈机制,才能保证反馈调节原则在教育管理活动中得到实际有效的贯彻。具体来说,应该从以下两个方面做起。

1.学校管理者要广泛开展调查研究

对于高校管理者而言,其应当深入第一线,通过对基层情况进行深入细致的了解、勘察和调研，以起到对指令信息执行情况的反馈与监督作用。重视调查研究、深入基层，是我党的一贯优良传统。在当代社会中，这种优良传统非但不能丢弃，而且还应当得到进一步的巩固和强化。"没有调查研究就没有发言权"，这句话应当成为高校管理者所恪守的至理名言。在当代教育管理工作中，一方面，应当让开展调查研究成为对广大教育管理干部一项严格的基本工作要求；另一方面，还应当使其以制度的形式固化下来，以便教育管理工作有章可循。

2. 加强民主管理

在高校教育管理活动中，通过发扬民主、广开言路，可以有效地起到积极反馈的作用。在现代社会中，世界上一些发达国家的企业管理者为了使决策方案能够在执行过程中得到不断的反馈、修订以及完善，提出了"参与管理"的策略，鼓励和提倡每一名职工都为企业提出合理化的建议。实行这种"参与管理"策略，一方面可以在企业中建立起一种隐性的反馈机制，并通过这种反馈来及时掌握舆情，吸收众人智慧，使企业的各项决策方案和管理措施能够更加符合实际、准确无误；另一方面，还可以让职工通过参与企业决策活动来增强企业对职工的凝聚力和职工的自我实现感。在我国的社会主义条件下，教师是办学的主人。他们不但拥有参与教育管理工作的权力，同时也拥有监督教育管理工作的责任。由此我们可以看出，通过有效地发扬民主、广开言路，可以对教育管理工作起到有效的监督、反馈作用。

（六）依法执教原则

在高校教育管理实践中，必须按照党和国家制定的教育方针政策、法律法规等办事，需要恪守和遵循政府为开展教育管理活动所制定的各种法律规则，这就体现了教育管理工作中依法执教的原则。依法执教原则所涵盖的内容范围相对较为广泛，除了涉及对党的教育方针的遵循，涉及对各级政府所制定的教育政策、规章的遵循，涉及对国家立法机关所颁布的教育法律法规的遵循以外，同时还涉及各级各类学校如何制定校内管理规章制度，如何提高管理的规范化水平等。在当前阶段下，我国高校在全面贯彻党的教育方针的过程中，应尤其注意以下几个方面的问题。

1. 坚持社会主义办学方向

在阶级社会中，教育总是带有阶级性的，其本质上是社会意识形态领域里渗透与反渗透斗争表现最为激烈的场所。在当前阶段下，贯彻我党的教育方针的首要任务就是要坚持各级各类学校的社会主义办学方向始终不动摇。根据《中华人民共和国教育法》的要求，在我国境内举办的各级各类学校，包括各种民办学校，都需要坚持社会主义办学方向，必须以培养社会主义现代化建设者和接班人为己任。

2. 推进素质教育

1999年，中共中央、国务院在《关于深化教育改革 全面推进素质教育的决定》中对素质教育的概念进行了明确的界定："实施素质教育，就是全面贯彻党的教育方针，以提高国民素质为根本宗旨，以培养学生的创新精神和实践能力为重点，造就'有理想、有道德、有文化、有纪律'的、德智体美等全面发展的社会主义事业建设者和接班人。"各级各类学校应当按照这一要求，全面深化教育教学改革，使素质教育得到扎扎实实地推进。

在当前阶段下，我国很多高校还存在极度看重学生考试成绩的现象，这与党的教育方针是相背离的。要想促进学生的全面发展，就必须大力推进素质教育，即教育者坚持着眼于学生及社会长远发展的要求，以面向全体学生、全面提高学生的基本素质为根本宗旨，努力培养学生良好的态度、能力、道德等。这是新时期教育的必然选择。

3. 促进学生德智体美劳全面发展

从本质上来说，党的教育方针的实质就是要促进学生德智体美劳全面发展。处理好德育、智育、体育、美育、劳育等各育之间的关系，坚持齐抓共管、协调并施、整体推进，是全面贯彻党的教育方针的核心所在。为此，在教育教学和管理工作中，必须坚持德、智、体、美、劳各育并重。在当前阶段下，在这方面还存在着较大的问题。例如，相当一部分高校还依然以智育为重，而忽视德育、体育、美育、劳育等。也有一些学校仅仅把对德育的重视停留在口头上或文件上。对于诸如此类的不科学的教学行为，各级教育行政人员和学校管理者的确需要加以认真反思，力争有效地解决和改进。

第四节 新时代我国高校教育管理工作的发展趋势

高等教育管理改革是大势所趋。按照高等教育发展的一般规律，它的改革与国家的政治、经济、文化有着必然的联系。从高等教育管理状况来看，中国的高等教育与整个社会的发展基本上是相适应的，同时，目前的政治、经济、文化的发展对中国高等教育又提出了新的任务和要求，特别是科学技术的创新、经济的发展、文化的创新等对各级各类高级专门人才的需求，在高等教育发展的开放度上、在管理的思想和体制上、在管理的模式与方法上等都要进行一些变革。只有在思想上、观念上认清了高等教育改革的方向，准确把握高等教育发展的趋势，我们才能够运用先进的管理方法和技术来有效管理高等教育。

一、高等教育对外开放度更高

如果说当今中国高等教育发展得益于中国的政治体制和经济体制的改革，那么，其中很重要的一点就是得益于中国政治经济体制下的改革开放，没有改革开放就没有今天的中国高等教育发展的成果。打开国门才能够看到中国高等教育发展的差距，才能够引入国外的一些先进的高等教育的管理理念以及先进的管理技术与方法，才有对外开展高等教育管理信息交流的机会。因此，改革开放至少对中国的高等教育管理起到了以下三个方面的促进作用：

第一，促进高等教育管理思想观念的转变。通过考察国外高等教育，依法治校、教授治校、教育评价、以人为本、科技创新、服务社会等思想观念，使得我们对高等教育管理的一些方面有了更加深入的理解，把一些先进的教育思想融入我们的管理中，促进了高等教育管理观念的转变。

第二，促进高等教育管理法制体系的建立和完善。通过考察国外高等教育，我们看到发达国家完善的高等教育管理的法制体系，这种体系为高等教育科学、规范、有序、稳步的发展提供了切实有效的保证。

第三，促进高等教育的功能更加明确和完善。传统的计划经济体制下的高等教育功能是单一的，一定程度上可以说是为国家服务的工具，基本上没有自主性、社会化的功能。经过了转变教育思想、教育观念的大讨论，经过了广泛深入的研究高等教育性质，高等教育的功能越来越明确，越来越完善，越来越符合社会主义市场经济的规律。

中国的高等教育逐步走向国际化，高等教育的开放程度必将更高。要建设国际上一流的高等教育，建设国际上一流的大学，没有国际的交流与比较，不知道我们自己的优势和弱势，高等教育的发展就缺乏科学合理的目标。一个国家高等教育的水平，从某个角度而言，反映了这个国家现代化的水平，没有高等教育的现代化，没有一大批高水平的国际一流的大学，没有一个整体高水平的、现代化的高等教育，高等教育就谈不上国际化竞争。

高等教育更加开放应该是思想的更加开放，没有思想的开放，即使国门打开，也不一定能够对先进的国外高等教育的管理方法进行借鉴。我们必须思考为什么要开放的问题，道理其实也并不是很复杂，整个国家都开放了，经济也在融入经济全球化的大潮中，高等教育的开放是必然的，高等教育随着国家的经济全球化战略将越来越开放也是必然的。因此，首先要解决的是思想的更加开放的问题，思想认识问题不解决，就不能够从根本上认识改革开放对高等教育管理的影响，也不能对高等教育的质量与科学研究的水平必须保证国家参与国际竞争的意义予以真正的认识和理解。

高等教育的国际化战略是一种发展趋势，但是绝不是全盘国际化，高等教育的开放应该建立在正确的需求上，应该符合中国的实际情况，这并不是矛盾的。欲速则不达，在各种条件不具备的情况下，没有实事求是的观念，反而会获得相反的效果。这是一个实事求是的辩证的问题。我们讲高等教育国际化战略是指我们的高等教育参与国际化竞争，在竞争中不断提高我们高等教育的整体水平，也就是在竞争中学习、在竞争中提高，同时也在竞争中将我们中华民族的优良传统进行发扬，在竞争中推出我国高等教育先进的东西，形成中国高等教育管理的特色，让中国的高等教育走向世界，并对世界高等教育的发展造成一定的影响。

二、对高等教育管理者的要求更高

（一）高等教育管理的专业化

大学管理专家 E. 阿什比曾说过，"成功的管理专家的技巧并没有井井有条地安排于教材之中，管理是一种未加工好的艺术"[1]。因此，学习管理的唯一有效的方法就是在管理的过程中进行管理的研究与有效实践。我们认为，具有先天管理才能固然值得庆幸，但在社会政治、经济、文化飞速发展的时代，管理人员的新鲜血液不断增加，新的管理人员大量替代老的管理人员，再加上现代高等教育组织的变化很快，复杂程度越来越高，已经使任何一个想有所作为的高等教育管理人员都必须接受管理本部门相应水平的专门知识的训练，提高技能，以便在纷繁的高等教育组织中恰如其分地利用和发挥其管理的天才。[2] 具体而言，高等教育管理专业化的要求基于以下几方面：

第一，现代高等教育管理专业的思想与方法的要求。现代高等教育的管理者必须懂得自己所从事的职业的专业性及其特点，因为现代高等教育管理的专业化水平的要求已经越来越高，不论是管理的知识还是管理的技术方法，都要求管理

---

[1] 陈巧玲. 浅析权变理论在高校管理中的运用 [J]. 齐齐哈尔大学学报（哲学社会科学版），2004（4）：127-130。
[2] 徐金燕. 高等教育管理研究 [M]. 北京：石油工业出版社，2008：235-236.

者具有很强的现代教育家的专业管理的理论、研究事物的哲学家的管理思想、发现问题的敏锐管理眼光、高效的企业家的管理能力。现代社会知识、技术（其中包括与管理有关的知识、技术）的迅速发展为高等教育管理的专业化创造了有利的条件，高等学校对管理工作者具有很大的选择余地，这就需要高等学校的管理者通过专业的学习和实践体现自己的专业能力和价值。

第二，高等教育资源的专业性越来越高。高等教育资源的专业性对高等教育管理者专业的要求必定越来越高。从资源的硬件而言，随着国家社会经济的发展，政府以及社会各方对高等教育的投入也越来越大，高等教育的资源更加丰富，高等教育资源的知识性、技术性也越来越高，高等教育资源的专业性也越来越强。这些资源的各种元素组合成为一个十分复杂的专业管理的硬件系统，对高等教育管理者的专业知识及专业技术提出了越来越高的要求。从软件方面而言，高等教育管理中最重要的资源是人力资源，随着改革开放的深入，高等学校的师资队伍发生着很大的变化，特别是具有越来越多的留学背景的人员加入教师队伍中，他们带来了国外的一些先进的管理思想和理念、科学的教育思想和方法，使我们的教师及管理队伍具有更加丰富的人力资源。同时，高等教育的辅助人员、管理人员的学历层次、知识结构也在发生较大的变化，管理队伍资源本身在优化，专业性越来越高。因此，无论是管理资源的硬件还是软件，资源的专业性越来越高是一个趋势。

第三，社会多元系统对高等教育管理的影响。社会多元环境的复杂性要求高等教育管理工作者具有多维的专业管理视野。高等教育走出象牙之塔的过程也是其受社会多元环境影响程度不断发展的过程。这首先表现在高等教育必须对个人、家长、政府部门、企业、政治家提出的不同期望和要求做出不同的回答和反映。其次，高等教育系统的结构、运作方式、管理条件正在受到社会其他系统的环境影响。不难发现，高等教育不仅要借用一般的管理理论与方法解决自身的问题，还要运用高等教育管理的专业原理、规则去解决相关的社会与学校相关联的问题。随着改革开放的程度不断提高，这种多元将不再局限于一个国家、一个地区，而是一种经济全球化视野的多元。因此，现代高等教育管理工作者要具备这种社会多元视野的专业思想和管理能力。

（二）高等教育管理者的高学历要求

前面我们提到过，高等教育管理的专业要求越来越高，因此，毫无疑问，我们看重学历，甚至把学历看作对高等教育管理人员的唯一要求。高等教育管理者的高学历化是一个发展趋势。现实的状况也是这样，无论宏观的高等教育管理工作者还是微观的高等教育管理工作者，低学历层次的管理者正在被高学历层次的管理者所逐步代替，这是不可逆转的趋势。目前，各级高等教育行政管理部门的领导者一般都具有较高的学历和较高级技术职称。目前高校的党政主要领导，尤其是校一级领导，大都由具有高级技术职称、较高学历学位、具有一定的国际留学和出国学习背景者担任。这里强调学历，其实是要求高等教育管理者在高等教育管理方面具有真正的才能和学识，学历要求意味着需要有与时代发展相适应的高等教育管理者。近年来，不少重点高校启用在国内外获得博士学位的高层次人才担任校级和二级部门重要的领导职务，充分发挥他们对国际高等教育最新发展前沿动态学习和理解的优势，应用先进的管理思想、管理技术和方法推进学校的工作向前发展。事实上，出现管理者高学历化有以下一些因素：

第一，管理对象与要求的提高。1980年，我国颁布了全国人民代表大会通过的第一个教育法规《中华人民共和国学位条例》。与此同时，众多国家派遣的或自费留学的学生在国外攻读研究生学位。这些高学历的人员充实到大学教师队伍形成了管理对象的高学历化。如果我们的管理者在学历层次上与其他国家的管理者具有太大的差距，就会缺乏共同的语言，在管理上出现交流的障碍，因此，管理队伍的高学历化是高等教育管理发展的很重要的趋势之一，整个高等教育管理队伍在学历层次的结构上发生变化已经成为必然。近年来，国家和高等教育组织也开始对这方面的问题予以重视，采取了各种各样的措施提高管理者的学历层次。

第二，领导干部的素质要求。教师队伍中尤其是年轻教师中具有研究生学位的比例越来越高，要管理好这支高学历的教师队伍，势必对领导干部提出更高要求。正如管理学专家哈罗德·孔茨所说，"没有高级管理人员迅速、灵活、不墨守成规并有条理的管理就不可能进行有效的管理"[1]。因此，他认为，接受过良好教育的人要比受较少教育的人更可能提升到各级领导岗位上去。我国高校在20世纪80年代后期，尤其是20世纪90年代以来，更注意选拔具有研究生学历的德才兼备的人到各级领导岗位，他们对教师队伍中众多教师的需要、心理特征、业务素质、思想品德更加了解，工作起来非常顺利，可谓得心应手。

第三，开展国际合作与交流的需要。改革开放几十年来，许多高校已经开展了广泛的国际交流合作，重点高校往往都与国外几十所高校建立良好的、长期的

---

[1] 李文章.大学学术权力与行政权力的失衡及对策[J].牡丹江教育学院学报，2009（4）：55-56.

合作关系。一些著名的国外高校的高、中层管理者都具有博士学位，有着较高的学历层次与管理水平。如果我国高校的高、中层管理者也具有相同的条件，必将极大地促进双方交流，推动学校与国外的学术交流，扩大合作规模和领域，提高学校在全球的知名度。

第四，普通管理者自身的需要。我国实际上是对个人学历比较注重的一个国家。在企事业单位招聘管理人员时都注明要求什么样的学历，工作条件好、职务较高的岗位都对应聘者的学历提出了较高的要求。高等学校是文化教育层次较高的社会系统，在这样的系统里的管理职务要求有较高的学历，学历通常与工作岗位的安排、职务的提升以及个人的社会地位、工资福利具有十分密切的关系。在社会主义市场经济条件下，好的工作岗位竞争更加激烈，我国高校选拔管理者的竞争将会随着社会主义市场经济的深入、高等教育办学条件的改善和管理者社会地位的提高而趋于加剧。面对竞争，"高校管理者不得不接受与岗位相适应的高等教育管理知识与能力的培训，提高自己的学历层次和专业管理能力"[1]。

另外，要注意处理好高等教育管理者的学历层次与高等教育管理专业化的关系。管理者要有较高的学历，更要有较高的管理专业化水平。有的高校使用刚回国的年轻博士或国内刚毕业的硕士、博士进入校级和中层管理的领导岗位，而实际结果往往以失败告终。因为这些人虽然有比较高的学历层次，又有较高水准的各个方面的专业知识，但是缺乏高等教育管理的专业知识和实践能力。因此，在选拔管理者时应注意正确地处理学历与管理专业的关系，不能偏向某一方面。在选拔年轻的、高学历层次的高等教育的管理人员，尤其是领导干部时，要从实际出发，除了考虑自身的条件外，还必须先进行高等教育管理专业的理论培训学习，从低层的管理岗位和工作锻炼开始，先熟悉情况，取得经验，为以后担任高一级的管理者奠定坚实的基础。此外，从优秀的普通管理者中选择优秀的人员脱产进修学习，通过培养后视其情况进行提升也不失为一种好的方法。

三、高等教育管理战略与规划更加柔性

高等教育管理战略与规划的柔性是近些年发生的变化之一，这是社会主义市场经济发展的结果。一直以来，我国高等教育的战略规划过于系统和刚性，尤其是在长期的计划经济的影响下，对短期的规划较为注重，而且规划过于系统、详细，但政府教育行政管理部门出台的系统、详细的宏观规划往往在实施中与结果

---

[1] 吴高峰.加强高校管理干部队伍建设的思考与对策[J].浙江海洋学院学报（人文科学版），2005（2）：98-101.

形成很大的差距。通过近些年的实践，对高等教育的战略规划进行了重大的改革，逐步弱化以行政方式和思想去指导高等教育组织的行动，代之以现有政策、制度、方法与措施来对高等教育管理进行规划，强调宏观指导下的微观决策的自主性、创造性以及对市场变化的适应和调整，充分反映战略规划的协商性、指导性、灵活性等柔性特征。

（一）协商性

协商性体现了政府以协商的态度，广泛地听取社会各界意见，尤其是尊重和认真听取高等学校的意见和建议，并且政府与高等学校一起，通过立项的方式开展调查研究，进行经济与社会发展对人才要求的预测，进行科技的发展与学科专业发展的预测。在这一过程中，政府不再是规划的单方制定者，而是通过专家系统、高等学校的主办者对高等教育市场需求信息的研究达成一致意见。

（二）指导性

指导性是指政府的宏观战略规划只具有原则性的指导作用，对学校一般没有法律上的强制约束力。应当承认，目前中国高等教育管理战略规划还在一定程度上受到计划经济的影响，但是，市场的调节作用明显在不断地增加。而且，政府充分考虑到社会经济发展水平、公众对高等教育的需求、地区间教育发展的不平衡等多种因素，将各级教育行政主管部门对高等教育管理战略规划的宏观指导作用得到了有效发挥。

（三）灵活性

灵活性是指一般先编制一个中、长期总体发展战略规划，然后根据具体情况的变化适时地推出短期计划以补充和调整总体规划。同时，没有一个在实施过程中一成不变的计划，由于高等教育管理对象的复杂性和管理要素的柔性，会出现一些变化是自然的，变与不变也是相对的，只要有利于促进管理目标的实现，变是肯定的。这就是计划的灵活性的一面。

我们对比《全国教育事业第十个五年计划》和《国家教育事业发展"十一五"规划纲要》，可以看出二者在命题上就有一定的不同之处，前者是实实在在的规划，强调了计划性，而后者只是规划纲要，弱化了计划性，突出了指导性与灵活性，在发展的战略思想与目标中，前者是以遵循的"基本原则"为出发点提出的，而后者是以"发展思路"提出的。因此，可以说，我国高等教育管理战略与规划在朝着更加柔性的方向不断发展。

四、高等教育管理的制度与程序更加规范

高等教育管理的制度与程序更加规范也是不言而喻的。古典管理学派曾主张管理层次系统化、规格化和集权化,行为科学学派则主张分权的、较为松散的组织管理。不论是哪一个学派,管理的规范化依旧在很大程度上保障了管理水平和效率的提高。由于管理工作的不规范,没有按照规范工作而造成管理混乱以及降低高等教育资源的利用率的现象是存在的。如一直没有适当的规范标准来统一衡量高校各类人员的工作量,由此造成了平均主义,从而极大地挫伤了教职工的积极性;有些高校在使用仪器设备时没有十分严格、规范的操作章程,极大地增加了仪器设备的损坏率;各种统计报表由于没有统一口径和严格制度,在具体填报过程中往往出现随意性,使统计数据部分失真;一些高校对教师从事第二职业没有明确的制约,致使有些教师承担过多的第二职业工作量,这对学校教学、科研质量造成了严重的不利影响;对于学院与学院、系与系、处与处之间需要合作才能完成的事往往没有明确规定,造成每件事都要花费大量的时间与精力进行研究协调;由于没有严格的制度和岗位规范,使领导陷于不必要的具体事务中,不能够各司其职,因此不能够进行深入调查、获取有效的信息,不能进行科学决策等。这些事实的存在,充分地说明了管理规范化在现代化的高等教育管理中有着十分重要的作用。

从管理机构与人员而言,与国外相比,我国高校的管理人员偏多。当然,有体制的原因,特别是我国高等学校做了许多应该由社会管理、学生自我管理的事情,但是整体上还是存在人浮于事的局面。

规范主要是规定各级各类管理人员的职责、工作任务、工作程序,规范严而适度能够促使各级管理人员的创造性积极地发挥出来。所以,在制定规范和规定时,要给各类人员适当留有一定的空间,让他们根据自己系统的管理目标创造性地工作。

五、高等教育管理更加注重管理效益

高等教育管理的最终目的还是要体现到高等教育的效益管理上来。

管理的效益是高等教育管理中难以阐释又必须阐释的一个概念。在高等教育管理基本规律和高等教育管理原则中对此已有所涉及。但无论从管理学或管理心理学角度,都应当高度重视高等教育管理的两个重要特点。这两个特点是:第一,高等教育是一个开放的系统,它包括学校与更高级别的教育行政系统的开放态势,也包括高等教育整体与其他社会系统的开放态势,仅从学校内部来分析效益显然

是不充分的，办学效益中很大成分上表现为社会效益；第二，高等教育管理在空间上的层次性、多样性，在很大程度上影响着管理效益的评价，因此，我们希望通过多视角、多模式的考察，尽可能全面、准确、动态地建构评价高等教育效益的指标体系。

根据目标管理的要求，管理效益被定义为目标的实现程度。如果学校管理的结果符合或超过组织的目标，那么这种管理活动就是有效益的。具体来说，管理目标分为两大类。一是政府目标，指学校的上级机构以正式陈述的方式规定学校任务的本质，要求学校达到某一种状态。一般而言，政府目标是抽象的，这些目标并不存在刚性的要求，无法对高校管理者的具体工作进行直接指导。二是操作目标，指依据本校特定情况而制定的实际工作和活动要达到的目标。操作目标具有被认可的标准和评价程度，对如何测量成就的程度进行了明确的描述，如大学本科生通过全国大学英语四级考试的比率等。理论上讲，操作目标应体现政府目标才能够保证整个系统的最大效益得以实现。

系统资源模式把效益定义为组织在其环境中得到有利地位的能力，借此，可以获得较多资源。根据系统资源模式，学校有可能通过学生、家长、企事业单位、教育主管部门、当地政府获得资源来加速学校的发展，提高学校的办学质量、水平、效益。系统资源模式根据开放系统的概念和要求，强调学校具有较强的适应能力和寻找资源的能力。

应当看到，企图以一个简单的程式去解释复杂的高等教育系统的管理效益问题是不现实的。管理效益实则也是一个权变的概念，一方面在社会主义市场经济条件下高等教育活动本身是多目标、多价值观的统合，另一方面管理者自己的个性特征也是重要的变量，对管理活动具有直接影响。将管理人员的个性特征与组织特征、情境特征综合考虑后提出的高等教育管理效益指标体系，是具有可操作性的。

第二章 加强高校教学体制管理与教学环境创设

第一节 新时代我国高校教学体制管理

一、高校教学管理制度的主体与客体

管理过程是在一定实践活动的基础上管理者与被管理者之间相互作用的过程。高校教学管理系统中的管理者和被管理者是相互联系、相互制约的。高校教学管理制度应当在正确地认识学校（上级管理者）与院系（下级管理者）之间、管理者（含学校和院系）与被管理者（即教师和学生）之间关系的基础上进行设计和安排。因此，分析高校教学管理制度的主体与客体的属性及其相互关系，是揭示高校教学管理制度蕴含的基本矛盾（关系）的基础。

（一）两种不同的管理主体观和管理客体观

一切管理活动中的管理主体（管理者）与管理客体（被管理者）是对立统一的关系。所谓管理主体（管理者）是指具有一定管理能力并从事管理活动的人。管理主体（管理者）包括各级领导和各级管理人员。管理客体（被管理者）是指进入被管理领域的人（进入被管理领域的还有物、时间、信息等非人的因素）。可见，作为管理主体的人（管理者）与作为管理客体的人（被管理者）是存在区别的，二者之间是管理与被管理的对立统一关系。也就是说，所有管理活动，在规定的范围和条件下，管理者与被管理者的关系是对应的，两者行使的权利和义务都不同，管理者具有指挥的作用，被管理者是提供服务的主体，两者之间界线划分必须明确。

但是，在管理活动中，作为管理主体的人（管理者）和作为管理客体的人（被管理者）是相互关联而存在的。二者互为前提，互相规定，离开一方，另一方不

能孤立存在。参与管理活动的人们，不是单纯的自然存在物或生物存在物，而是作为社会关系的体现者，作为社会生产关系总和的社会存在物，他们按照自己作为社会人的尺度，按照自己的目的来改造、创造和适应环境。可见，在管理活动中的管理主体（管理者）与管理客体（被管理者）的相互关系，关注着人的本质，实现着人的本质；管理活动要按照人的本质、人的本性进行协调和控制。在管理活动中，实际上存在两种管理模式：客体管理和主体管理。

管理者把被管理者仅仅当作客体来管理的模式，称为"客体管理"。在客体管理观念和模式下，管理者和被管理者之间纯粹是一种主体与客体的关系：管理者是主动的，被管理者是被动的；管理者处于权威地位，被管理者处于从属地位；管理过程是自上而下的单向过程，被管理者被排斥在管理过程之外。基于客体管理的制度是一种刚性的管理制度。

管理者不把被管理者仅仅当作客体来管理的模式，称为"主体管理"。在主体管理观念和模式下，管理者和被管理者都处于主体地位，二者之间是主体与主体的关系，两者只有分工的不同，没有地位高低之分；管理过程是以管理者为主导，管理者和被管理者共同参与、互相协调和双向统一的过程。主体管理也称为"参与式管理"。基于主体管理的制度是一种柔性的管理制度。

在任何管理活动中，"人"与"事"是一对基本的矛盾关系。但是，"人"是主导的方面，任何管理都必须依靠人，通过人去做成"事"。因此，人在管理中既是手段，又是目的，一切管理活动都应当坚持以人为本。以人为本，要求了解人的需要，激励人的积极性，尊重人的自主性，把个人目标和组织目标统一起来，实现管理主体和管理客体的统一；要求坚持人本管理与科学管理的有机结合，实现工具理性与价值理性的统一。学校管理活动应当实行主体管理，这是由现代社会管理、现代教育特性和学校组织特点等因素决定的。

（二）不同管理观支配下的高校教学管理制度

高校教学管理是按照一定的管理原则、程序和方法，对教学过程中的人、财、物、时间、信息等资源进行调配，通过建立相对稳定的教学秩序，调动广大教师和学生的积极性，从而实现教学工作的目标，保证并提高教学质量和效率的活动。不同的管理主体观和客体观支配下的高校教学管理制度呈现不同的特点。

首先，不同的管理主体观和客体观支配下的高校教学管理制度安排呈现不同的特点。如果按照客体管理观来安排教学管理制度，高校就会选择集权管理模式，就可能出现教学的规划、决策、资源分配等权力较多地集中于校部，而院系在教学管理上处于从属和被动的状况。如果按照主体管理观来安排教学管理制度，高校可能会选择分权管理模式，就可能出现校部与院系分工负责、上下协调一致，院系教学管理活力大大增强的状况。我国高校内部的教学管理制度是在《中华人民共和国高等教育法》以及国家高等教育管理的相关法规、政策下，由高校党委等领导机构组织确定的，它与高校内部管理体制改革紧密联系。不同管理主体观和客体观支配下的教学管理制度，其对高校教学管理工作的影响是不一样的。

其次，不同的管理主体观和客体观支配下的高校教学管理制度设计也呈现不同的特点。如果按照客体管理观来设计教学管理制度，教学管理者就会成为制度的制定者、执行者、监督者，教师和大学生就会被看作纯粹的制度"受体"——制度施威的对象。这种情况下，制度只求体现管理者的意志，而较少考虑（或者基本不考虑）被管理者的愿望；而且，教学管理目标与教学目标可能会出现冲突。如果按照主体管理观来设计教学管理制度，教学管理者就会成为制度形式上的制定者（起草人）、执行者和监督者，广大教师和学生充分参与到制度的制定、修改、执行和监督中来。这种情况下，制度既体现管理者的意志，也体现被管理者的愿望，充分体现管理者与被管理者在人格和契约上的平等；而且，教学管理目标与教学目标容易形成协调一致。我国高校内部的教学管理制度一般是依据国家和政府主管部门制定的法律法规和政策精神，在高校党委、校长和教学指导委员会等的领导下，由校部教学管理职能部门制定的；同时，院系在既定的管理职能和权限内，依据学校制定的教学管理制度，可以制定相关教学管理实施细则。不同的管理主体观和客体观支配下的教学管理制度，其对高校教学管理工作的影响也是不一样的。

教学管理是高校内部管理的重要组成部分。作为一种管理活动，它具有一般管理的基本属性，高校教学管理制度的设计应当遵循管理活动的基本规律和现代管理科学的基本原理。但是，高校教学管理系统具有自身的特殊性，它不仅区别于企业管理、政府管理以及其他事业性管理，而且有别于高校的教学管理和高校内部的其他事务的管理。其特殊性主要源于高校组织的性质和特点，以及制度作用的主要对象——教师和学生的性质和特点。

系统中的教师和学生既不同于一般管理中的人的概念，也不同于教育领域中不同阶段的教师和学生的概念。高校教师作为具有较高学术水平的知识分子群体，学生作为接受系统高等教育的学习者，他们的价值观、行为方式以及对待管理的态度、接纳管理的能力等都有其特殊的一面。因而，高校教学管理系统正是以管理科学为基础,从高校教学这一特殊管理活动出发,所形成的具有特殊性的独立系统。

因此,现代高校的教学管理应当提倡主体管理,应当秉承主体管理的理念,进行教学管理制度的建设和改革。在高校的管理中,不仅院校上级领导和院校系级领导要充分发挥各自的作用,也要将教学管理者和师生调动起来,形成上下级配合关系,这样才能形成高校管理者与被管理者之间的良性关系,两者之间相互配合,提高管理理念。主体管理要对高校的教学管理进行合理的制度安排,妥善处理学校(上级管理者)与院系(下级管理者)之间、管理者与教师(被管理者)之间、管理者与大学生(被管理者)之间的关系。这三对关系是高校教学管理系统中的基本关系,它们之间的对立统一构成高校教学管理活动的基本矛盾。

二、高校教学管理体制下的集权与分权

高校教学管理中会出现集权和分权的划分,但是两者的核心在于管理者的授权。授权就是管理者会给被管理者授予的一定的权利和义务,实际就为了能够简化管理过程,使被管理者在上级管理者的监督下自觉处理出现的相关事务。如果上级对下级授予的权力和责任多就是分权,授予的少则是集权,分权与集权两者的不同就在于权力和责任的多少。在所有的管理体系当中,授权都是必不可少的,每一个管理体系都会有上级对下级权利的授予。一般说来,集权和分权的程度取决于组织的规模、决策指挥中心的控制能力以及管理者等多种因素。首先,集权与分权的范围取决于组织发展规模。当组织规模较小时,权力可以相对集中,采用集权管理;而当组织规模较大时,则要求权力适当分散,采取分权管理。其次,集权和分权的范围取决于有关权力与全局工作的相关程度。凡与全局工作密切相关的重要权力,应当集中在组织的最高领导层,以保证组织能协调一致地完成总的目标;凡是不影响组织活动全局,应该下放的权力就应该坚决分权,以减轻组织最高领导层的工作负担和压力,使其集中精力抓好大事;同时,也利于更好地发挥基层管理人员的作用和提高工作效率。再次,集权与分权的程度取决于领导人自身的素质、能力和水平。在管理的其他条件相当的情况下,如果领导者能力强,水平高,则较适合采用集权制;反之,则适宜采用分权制。最后,集权与分权的确定还要看下级人员的能力和水平、下级组织可信赖的程度等其他因素。例如,当发生意外事故或紧急情况时,领导者应当及时授权。

集权与分权天生就是一对矛盾,它们各有其长处和不足,不能简单地说哪种方式好、哪种方式不好,应当依据组织的性质、规模、上级和下级等因素而确定。

高校教学管理适合采用分权模式还是集权模式呢？这需要对高校组织的性质、知识（学术）管理的特点、学术组织决策的成本等因素进行分析。

第二节 新时代高校教学环境创设与优化

作为构成教学活动的基本要素之一，教学环境是教学的客观条件。有效的教学依赖于一定的教学环境。对于高校教育而言，积极的教学环境对于激发学生的学习兴趣和求知欲，使学生集中精力和注意力有着很好的促进作用，同时也有助于学生学习效率的提高。

一、高校教学环境的含义

高校教学环境可以说是一种相对较为特殊的环境。总的来说，高校教学环境是整个学校教学活动所必需的主观条件、客观条件的综合。可以这样说，教学环境就是依照人的身心特殊需要而专门设计和组织起来的一种环境。其通常有广义和狭义之分。如果从广义上而言，那么整个社会的政治经济制度、科学技术水平、社区文化、家庭条件、亲朋邻里关系等，几乎都属于高校教学环境。毕竟上述这些方面或领域在很大程度上都影响着整个教学活动的最终效果。而从狭义上来说，高校教学环境主要是指高校教学活动的场所、各种教学设施、校园内的自然景观、校风班风、师生关系、校园信息以及校园内部的舆论、学校规章制度等。

二、高校教学环境的特征

一般来说，高校教学环境与其他人类所处的各种环境具有较高的一致性。不过，由于教学环境是以学生的身心发展特点与需要而设计、组织的环境，因而又具有一定的特征。这主要体现在以下几方面。[①]

（一）具有特定的环境区域

从当前的情况而言，世界各国的大多数高校都具有特定的环境区域，即有与外界环境根本相区别的环境界限。而该界限主要都是以校园围墙或者类似围墙的其他隔离物为标识的。这也就基本形成了相对较为封闭的校园环境。当然，这种校园环境在外部特征上的封闭，并不完全意味着教学环境根本不与外界发生联系。

另外，从环境内部机制的角度来说，教学环境是一个相对开放的系统。其不

---

① 田慧生.教学环境论[M].南昌：江西教育出版社，1996：4.

仅向外界环境开放、接受着来自外界环境的各种影响，同时也对外界有着一定的影响。因此，教学环境实际上是一个外在封闭与内在开放的有机统一体。

（二）具有特定的环境主体

教师和学生是教学环境的主体。当然，这里的教师是广义的，包括了整个学校内部的管理工作人员、教学工作人员以及教辅工作人员等。教师与学生相互作用与影响制约，从而共同形成了学校内部所特有的社会关系和社会心理气氛，进而又形成了学校内部稳定的社会心理环境。

（三）具有特定的环境内涵

高校教学环境之所明显区别于其他环境，除了在于其有自身的环境主体和环境区域外，在相当大程度上还取决于其特定的环境内涵。通常而言，高校教学环境所具有的特定内涵，主要包括以下几方面。

1. 纯化性

高校教学环境有国家教育政策和方针的相关规范指导，有训练有素的师资队伍，并且有较为稳定的课程体系等。因此，外部环境因素并不能轻易地进入教学活动。这也就是说，高校教学环境因素在很大程度上经过了各种不同程度的选择、分析、提取、加工等处理。相对于其他环境来说，高校教学环境往往较为简单。

2. 规范性

高校教学环境是专为育人而创设的，并且是依照全面促进学生的身心发展的需要以及国家教育方针、学校的人才培养目标而设计、组织起来的。所以，环境建设的方方面面都必须符合育人的规范。

3. 教育性

高校教学环境不仅是教学活动赖以进行的依托和平台，毕竟构成教学环境的各种因素本身就具有一定的教育价值与教育意义。由于教学环境是一个育人的场所，因此最大化地发挥教学环境的教育性作用，已成为构建教学环境时所要考虑的问题之一。而这也是教学环境区别于其他环境的一个显著特点。

三、高校教学环境的设计

（一）高校教学环境设计的意义

一般而言，高校教学环境设计主要是指为了创造或改善教学条件，对教学环境进行整体或局部的规划、组织、协调与安排。具体而言,教学环境的设计有以下几方面的意义。

1. 对高校教学环境内在功能的发挥能够产生直接的影响

在高校教学实践活动中,教学环境具有多方面的功能。这些功能是否能够发挥以及发挥得好与坏,实际上受到很多因素的制约,但教学环境设计却是其中最为重要的一个因素。由于教学环境是专门培养人的场所,因而教学环境除了要遵循一般的设计规律外,还必须将教育规范与建筑规范有机结合起来,同时还要将教育的语言与信息转换为建筑信息与丰富的造型语言,从而使学校环境与教学建筑能够真正发挥育人的积极作用,体现出一定的教育价值。

2. 在形式方面对学校环境外在的面貌与审美风格进行了规定

经过大量的实践表明,美观、和谐的教学环境是学校环境设计的重要目标之一。不同的设计理念与设计方案一旦付诸实践,那么往往就会产生不同的环境格局与建筑风格的教学环境。从一定意义上而言,教学环境设计决定了校园环境是否美观大方。

3. 影响了教育目标的实现

教学环境的好与坏与高校教育目标的实现具有非常密切的联系。一个美观、大气、和谐的教学环境有助于学生的身心健康发展与教学活动的顺利开展,同时还能够促使高校教育目标得以顺利实现;而一个凌乱、拥挤不堪、嘈杂的教学环境不仅对学校教育目标的实现非常不利,同时还会损害学生的身心健康。由此可见,教学环境设计能够以教学环境为中介影响教学目标的实现。

(二)高校教学环境设计的基本原则

所谓高校教学环境设计的基本原则,就是指在进行教学环境的设计时必须遵循的一些基本要求。通常而言,高校教学环境设计应遵循以下几个基本原则。

1. 整体性原则

所谓整体性原则,就是指在进行教学环境设计时应具备全局观念,从整体上对教学环境的诸多方面进行统一协调的部署与调整,使各种环境因素发挥其最大功效。由于教学环境的构成因素复杂多样,要让其发挥整体作用,就必须在教学环境设计中全面考虑、统筹安排。这不仅要高度重视校园物质环境的设计,同时还要注重社会环境的设计。毕竟只有从整体出发,才能使各种教学环境因素协调起来,促进学生的身心健康发展,最终提高教学质量。

2. 教育性原则

所谓教育性原则，即教学环境的一切设计、一切布置等都必须有助于学生智慧的启迪、潜力的开发、情操的陶冶、道德的培养等，并且还要有助于学生的个性发展与丰富情感的培养。另外，教学环境设计还必须充分发挥各种环境因素的正面教育意义。

教学环境中所包含的各种复杂的因素都有可能对学生的精神世界产生潜移默化的影响。苏联教育家苏霍姆林斯基在其专著《帕夫雷什中学》中指出："孩子在他周围，在学校走廊的墙壁上、在教室里、在活动室里，经常看到的一切，对于他精神面貌的形成具有重大的意义。"由此可见，对教学环境的任何改变、装饰、点缀都必须谨慎，必须考虑其教育意义。

3. 实用性原则

所谓实用性原则，就是指在进行教学环境的设计、建设与优化时，本着经济、实用的理念，并应按照学校的实际情况、经济实力量力而行。通过国外教育经济学家的研究发现，学校物质设施比较匮乏对学校教育质量也会产生一定的影响；当学校物质环境逐步改善时，教育质量也会随之提高。这里有一点值得注意，当学校物质环境水平的改善到达一定平均值之后，学校教育质量将不再继续上升。[①]因此，对于教学环境建设应坚持经济适用的原则，把握好度。

4. 科学性原则

科学性原则主要包括三方面的含义：其一，是指要求教学环境的建设与美化，需要符合学生身心发展的特征与规律；其二，教学环境的设计需要遵循教育学、心理学、生理学、教育社会学、学校卫生学、学校德育等理论的基本原理；其三，通过科学合理的教学环境设计，要能够使教学环境真正成为科学与艺术的统一体。

（三）高校教学环境设计的内容

1. 校址选择

校址选择指为筹建中的学校选定建校地址，划出学校环境的范围。校址选择是进行教学环境设计与建设的基础条件。一般来说，大学校址的选择通常应考虑如下几方面的要求。

（1）学校周围应当有适宜的人文环境和自然生态环境。

（2）具有良好的自然条件。

---

① 田慧生. 教学环境论 [M]. 南昌：江西教育出版社，1996：99.

（3）具有充足的土地面积与适宜的地貌形状。

（4）具有有利的基础设施。

其实，设计者在开始选择校址时，还应当充分考虑校址周围环境在未来几十年内可能发生的变化以及学校环境自身的变化，以避免学校在未来发展中不适应变化情况的出现。

2. 教学建筑设计

从广义上而言，教学建筑设计包括全部能够服务于教学的建筑物。教学建筑不仅影响建筑功能的发挥，同时还决定了建筑设计的整体外观的审美效果。有鉴于此，在教学建筑设计过程中，我们应从这几个方面入手。

（1）综合考虑，并满足教学的基本要求。

（2）对教学建筑的整体布局进行合理规划。

（3）符合学校美育的要求。

（4）重点考虑安全、卫生等方面的因素。

3. 室内物理环境设计

室内物理环境设计主要包括室内光线、温度、空气、声音、颜色等因素。它能够对学生的认知、情感、行为产生广泛的影响。室内物理环境的设计应包括以下几个方面。

（1）通风设计。

（2）采光与照明设计。

（3）噪声控制。

（4）室内色彩设计。

（5）温度设计。

4. 教学设施设计

一般而言，教学设施是指具有教学功能的各种物质辅助设备与用品。比如，课桌椅、教具等。教学设施是构成学校物质环境的一个重要的组成部分，能够对学生的身体健康与教学活动的效率与质量产生直接的影响。教学设施设计主要包括课桌椅的设计、教学手段的设计以及教学用品的设计。

5. 学校心理环境设计

心理环境与物质环境设计都是教学环境设计中的重要构成部分。良好的学校心理环境中包含着深厚的文化传统、情感体验、科学精神与审美愉悦，对教师与学生的行为、认知、情感、审美等诸多方面发挥着非常积极深刻的影响。因此，我们应该重视心理环境的设计。

一般来说，根据设计规模与范围的大小，学校心理环境的设计可分为学校水平、班级水平、活动水平三种类型。

四、高校教学物理环境的创设

（一）高校教学物理环境的概念及构成要素

1.高校教学物理环境的概念

高校教学物理环境是指由高校教学所依赖的物理条件和物质基础所构成的整体。

2.高校教学物理环境的构成要素

（1）高校教学的时空环境。高校教学的时空环境主要包括班级规模、教学时间的安排，以及座位的编排方式等。

班级规模的大小主要与班级内的学生人数、教师的空间密度有着非常紧密的联系。班级规模的大小会对教师和学生的共同心理感受产生影响，如果班级规模小，教师过于拥挤，教师和学生往往会产生好斗、烦躁不安、富有攻击性、无助感、压抑等不良反应，此外，也会对学生参与课堂教学活动的机会产生影响。

座位编排方式主要指桌椅在教室内的排列形式，常见的教室桌椅排列的形式有小组式、马蹄形、对列式、横排式等。就座位编排来看，不同的桌椅排列形式，可以将教室分成各种不同的学习活动区域，这样不同的排列形式也就具有了不同的功能和空间特征。它既会对教师和学生的沟通、交往及人际关系的建立产生影响，同时也会影响学生的学习成绩、学习态度、学习动机和课堂行为等。

通常来说，教师更容易对坐在教室前三排和中间的学生进行控制，因此，这些区域的学生在课堂的行为是积极的；相反，教师很容易忽视坐在后排的学生，或对这些学生放松约束和要求，这些学生可能会认为教师不注意自己，从而产生消极的行为，或者通过做出过分的行为来引起教师对自己的注意。

在高校教学实践中，为了降低教学的混乱程度，维持课堂秩序，一些教师倾向于选择横排式来对教室座位进行排列，将那些喜欢吵闹的学生安排在讲台附近，以便于对这些学生进行约束和控制，或者将这些学生安排在教室的最后，放弃对他们的教育。总的来说，所有的座位编排方式都有着其自身的特点和各自不同的使用条件。与横排式相比较，小组式、队列式、马蹄形等座位编排方式更具有灵活性，教师更加容易对学生的自主、合作、探究式的学习活动进行指导。

（2）高校教学设施。高校教学设施是在教学活动中所必须具备的基本用具，如图书资料、桌椅板凳、体育器材、实验仪器，以及各种电教手段等。其中，高校教学设施的数量会对学生在教学活动中的参与程度产生影响；高校教学设施的质量也直接关系到能够满足教学活动的实用性。

（3）高校教学的自然环境。高校教学的自然环境主要是指学校的校园环境、教室的格局和位置、教室室内的布置，以及学校的地理环境等。从心理学的角度来看，教室室内的布置，如教室的温度、光线、色彩等，通过对教师和学生的感官产生作用，来影响教师和学生的心理状态，从而对整个的教学活动产生潜移默化的影响。

（二）高校教学物理环境的功能

在高校中，良好的教学物理环境能够对建立良好的师生关系，促进学生的全面发展，灵活、多样的教学手段和教学方法的运用，教学心理环境的积极营造，综合个性化的教学组织形式的选择等产生非常重要的推动和促进作用。尤其是在师生关系、学生全面发展、教学心理环境方面，教学物理环境的作用表现得更为突出。

1. 保障安全，增强心理安全感

通常，高校可以为大学生提供一个适宜的环境以保障其身体安全，但很少考虑这种环境是否对学生的心理安全有利，这就在一定程度上对学生的学习产生影响。这里所说的心理安全，是指大学生自身的感受，如学生认为学校是一个好去处和舒服的好地方的态度和观点。

通过将高校教室变得更加的"柔和"，以呈现出明快、暖色调的风格和多样的质地，如木质等，这些对于创造出舒适、安全的教学环境是非常有帮助的；将教室的空间安排得更加合理，降低学生可能受到的干扰因素，以此来提高学生的心理安全感。如果教室环境过于拥挤，学生就无法高度集中精神和注意力来听从教师的指导和组织教学，同时这种环境也更加容易对学生心理的状态产生不良的影响，如情绪低落、烦躁不安、缺乏自我控制或囿于自己的内心世界等。另外，宽敞、明亮的教室格局以及积极、简洁的教室室内布置，能够很好地增加学生积极的情绪情感体验。

相关研究表明，浅红色和深黄色容易使学生情绪激动；浅蓝色和浅绿色容易使学生心情保持平静。

2.有助于师生和学生之间的交流

学习是"自主、合作、探究"式的学习,也就是说,要尊重学生的主体地位,发挥学生的自主性,强调对学生的合作能力进行培养,培养和锻炼学生发现问题、分析问题、解决问题的意识和探究能力。这就要求高校教学中的各方面都要与之相适应。良好的教学物理环境应该通过合理的教室结构布局,以及灵活的教学设施布置,如图书资料、桌椅板凳等,将以学生为本的价值取向和教学理念充分地体现出来,以便为师生之间的交流、学生之间的合作建立一个良好的平台。

3.促进学生的认知学习行为的发生、发展

相关研究证明,要想顺利地开展智力活动,就要有适当的物理环境来进行保障,如颜色、光线强度和环境温度等。若环境中的光线过于强烈,就容易使人感到烦躁,甚至会头晕;若环境中的光线太弱,就不能够使大脑足够兴奋,对智力活动的正常进行产生影响。如果教室内的光线过强或闪烁频率过高,都会严重危害学生的大脑发育,使学生头痛、恶心,严重者甚至会产生幻觉。

实验研究表明,20℃~25℃是最适合学生进行学习活动的教室温度,每超过1℃,就会相应地降低学生2%的学习能力,若教室内的气温超过30℃时,就会造成学生大脑消耗明显增加,大大降低和减少学生的智力活动水平和活动持续的时间。所以,使脑环境保持适宜的温度,能够有效地提高大脑解决问题和处理信息的能力。

综上可知,教学物理环境能够对学生认知的学习行为的发生和发展过程产生直接或间接的影响。通过改善和提高各个方面的条件,进行良好的高校教学物理环境的创设,有助于学生认知活动的顺利开展,提高学生的智力活动水平,延长活动的持续时间,从而对学生的成长和发展起到很好的促进作用。

(三)高校教学物理环境创设的原则

1.将学生的全面发展作为根本出发点

作为学生学习和掌握知识的地方,学校更应重视学生的成长与发展。除了让学生掌握相应的知识外,更重要的是让学生心理健康、人格健全,学习能力、适应能力、独立思考能力、独立做事的能力和合作能力等多方面的综合素质得到有效的发展和提高。

2. 服务教学原则

高校教学物理环境存在的根本指向和意义就是要为教学服务，它是为教学提供必要支持的系统。所以，学校中的自然环境、教室的布局与位置、教室室内的布局结构、教室中座位的编排方式、配备的教师设备等，这些都是服务于具有特定目的的教学，从而更好地实现教学目标。

良好的、健康的、积极的教学环境能够为教学提供最为基本的物质基础，同时它也是生成有效的、有意义的课堂教学的基本生长点。所以，创设教学物理环境时，要始终坚持服务教学原则。

此外，在进行高校教学物理环境创设时，还要掌握好"度"，在创设良好教学物理环境的过程中，要注意避免出现"形象工程""喧宾夺主""华而不实"等问题。

3. 个性化原则

所有学校的共同理想和心愿就是要进行独特的学校文化的打造和培育，以形成学校自身个性化的教学理念。而学校教学物理环境和物质环境的营造与创设是对学校文化与教育教学理念最为直接的体现。

一所学校的精神要旨可以通过这所学校的文化体现出来，学校文化能够在学校的方方面面得到体现，同时也会对学校基本的管理行为模式和学校师生的共同行为表现产生影响。很明显，学校文化最为明显的表征是校园环境（包括教学物理环境），这也是组成学校文化的重要的有机部分。从宏观上来看，教学物理环境会对整个校园形成的精神气质产生间接的影响；从微观上看，会对学生的学习效果和学习质量产生直接影响。

五、高校教学心理环境的创设

作为一个完整的系统，高校教学活动主要是通过教师、学生与环境之间的作用互相影响而不断地进行生成和变化的。作为教学中一个一个独立的个体，在教学活动的参与过程中，教师和学生具有非常独特而又鲜明的情感和思想，他们通过相互之间动态的对话、交流和沟通，从而组成了一个丰富多彩的教学活动。所以，良好的、适切的教学心理环境的营造，有助于提高教学的质量。

实验研究表明，高校教学心理环境是否愉悦会对学生的学习效果产生较大的影响，并且会向教师进行反馈，从而对教师的教学行为和心理态度产生影响。良好的教学心理环境，在实现教学目标，建立和谐师生关系，提高学生的学习动机和学习效率，增强学生学习动力等方面有着非常重要的推动作用。

（一）积极的高校教学心理环境的外在特征

高校教学心理环境根据教师和学生的行为模式、心理趋向，以及师生关系的和谐程度、师生之间的互动状态等，可分为对抗的、消极的、积极的三种基本类型。这三种不同的教学心理环境有着不同的特征，对教学效果、教学管理、教学组织等有着不同的影响和作用。

对抗的高校教学心理环境，其外部特征主要表现为：课堂教学氛围失去控制，学生们故意捣乱、随意插嘴、各行其是、过度兴奋，注意力完全没有放在学习内容方面，教学转变为对秩序的维持；师生之间不能进行有效的互动；教师缺乏有效控制和调节学生的行为。

消极的高校教学心理环境，其外部特征主要表现为：学生反应迟钝、心不在焉、拘谨、紧张，被动服从或无视、排斥教师的教学活动；对学生的行为，教师缺乏积极的回应；师生之间处于割裂、分离的状态，缺乏相互信任和有效的互动。

积极的高校教学心理环境，其外部特征主要表现在以下几个方面。

1. 自主性

自主性是指学生在教学过程中处于主导地位，教师能够发挥主导作用，并且学生在拥有心理安全感的基础上能够获得一定的自主空间。就学生的角度来看，自主性主要表现为自主人格所带来的自主学习动机、自主学习行为和自主学习意识的实现，整个的学习过程都是在学生已有水平和已有能力基础上的，能够满足自身需要，理解和把握教学情境之中的。

这种教学心理环境能够为教师和学生提供一个非常积极的交流机会，以及良好、和谐、畅通的交往氛围，大大地缩短了教师与学生之间的心理距离，这在一定程度上使得学生更加乐意学习。这也为真正地发挥教师的主导作用，对学生的创造性思维进行启发、引导和鼓励，培养学生的创造能力提供了更大的可能。

2. 互动性

互动性是新型教学关系典型特征的直观体现，它是指在高校教学活动中，教师和学生情感、信息的交流与相互作用。这种互动包括教师与学生之间的互动，也包括学生与学生之间的互动；既包括交流有形的知识信息，也包括交流无形的态度情感。知识信息的互动与交流，是对"教学相长"的充分体现，通过及时了解学生理解和掌握教学内容的程度和情况，教师来对教学策略、教学方法和教学速度进行合理的调整。情感态度的交流与互动，可以使教师与学生之间的情感体验得到进一步加深，使学生与教师之间的心灵沟通增加，加强学生对教师的信任，减少教学对抗，降低学生的过敏性焦虑，强化成就动机，最终使学生形成乐观、自信、健康、自尊的学习心态。

3. 合作性

合作性是在班级授课情况下的群体活动非常重要的特征，它是指班级内成员之间相互支持、相互协作、共享的心理气氛。在这样的气氛中，学生可以从中获得积极的相互依赖，如心理角色、学习资源、学习目标、学习任务，以及奖励给予的相互依赖等。

学生之间通过信息交流、互教互学、成果共享、相互评价，不仅能够获得丰富的知识，激发学生的认知潜能，而且也使学生体验到被他人信任、接受和认同的积极情感，这也为培养学生的交往能力、发展学生的自我意识，提高社会化程度提供了充分的条件。

相关研究表明，在合作性的学习环境中，课程知识会随之增加，资源的调配也会更加趋于合理，学生之间的支持和相互学习也会增多。由此可知，合作性的教学环境对提高学生的认知加工推理策略有着非常积极的意义。

需要注意的是，合作并不等于依赖，也不是要摒弃竞争，它侧重于强调以群体为单位的竞争或合作式竞争，从而达到相互依存、相得益彰的目的。

4. 创造性

创造性是积极教学心理环境的重要特征之一，它主要是指鼓励、支持、启迪和包容教学活动中参与者勇于进行大胆想象、推理、判断，敢于表达的活跃开放的氛围。创造性课堂教学心理环境的形成，要依赖于学生的心理自由感和心理安全感。随着教学创造性氛围的成熟和学生创造性思维的发展，它也会对学生的心理自由感和心理安全感产生作用，从而使得教学环境变得更加成熟、稳定。创造性的教学氛围主要包括发散性思维，肯定、积极、鼓励的评价，激励创造的兴趣与习惯，有意识的组织创造性活动等。

从学生的角度来看，激励、引导创新的课堂气氛，除了能够帮助他们很快树立敢于创新的意识外，还有助于提高他们的有效创新能力。

5. 平等性

平等性是对积极教学心理环境下高校教师与学生交往方式进行体现的特征，它是指教师和学生在教学活动中，无论是人格还是地位上都是平等的。在高校教学活动中，教师和学生之间主要有服从、认同和同化三种不同水平的师生关系状况。

在服从水平的师生关系中，教师根据学校具体的规章制度，使学生对教师的安排无条件服从，学生对教师的教育与指导完全听从，大多数情况下，教师的权威是不可挑战的，从而产生了教师进行灌输，学生被动接受的情况。

在认同水平的师生关系中，教师凭借自身的人格魅力和学识来赢得学生的尊重和认可。

在同化水平的师生关系中，教师与学生是处于平等的相互关系之中，教师支持和鼓励学生敢于挑战书本、挑战教材、挑战教师，从而形成了民主协商、平等对话的师生关系，这为更好地发展学生的创造性思维和自主性意识提供了更大的可能。

积极的教学心理环境能够使教师与学生的关系向着认同和同化的水平发展。反过来，教师与学生之间关系的发展与成熟，也能促进教学心理环境更加成熟、积极和稳定。

（二）积极的高校教学心理环境的营造

高校教学心理环境受到诸多因素的影响，如高校教师与学生各自的自身因素、教学目标、教学方法与内容、教学组织形式与教学评价，以及教师与学生、学生与学生之间的互动等。其中，高校教学活动的主要构成要素，如教学目标、教学方法与内容、教学组织形式与教学评价等，既是创设积极教学心理环境的前提，也是营造积极教学心理环境的基础。

1. 创设积极教学心理环境的原则

（1）建立正确的教师价值观，转变教师教育思想观念与态度。教师的行为是由教师的价值观来指导的。所以，教师要具有现代的教育观、教育质量观和学生观，要密切联系学生，引导和促进学生的自我发展。教师只有不断地提高自身的职业素养，进而建立其正确的教师价值观，才能使教师的思想态度和观念得到转变，这样才能够形成良好师生互动，从而营造出积极、健康的教学心理环境。

（2）转变教师教学行为，重塑教师教学风格。营造积极教学心理环境的关键是要逐渐形成尊重、谦和、民主、宽容、支持的教师行为模式，对教师教学风格进行重塑。从本质上来讲，教师的领导是一种教师与学生之间的相互作用，其目的就是要促进学生的健康发展和进行有效的学习，从而使教育目标得以实现的一种行为。领导方式的不同，对教学心理环境和学习效果也会造成不同的影响。通常来说，教师的领导方式可以分为民主型、仁慈专断型、强硬专断型、放任自流型四种类型。

民主型的教师领导行为，其特征主要表现为：教师和学生集体共同制定和做出相应的决定；在对集体不会造成损害的前提下，教师更倾向于对个别学生进行指导和帮助；教师最大限度地对集体活动给予鼓励，并做出客观的表现与批评。

对于民主型的教师领导来说，学生更加喜欢学习；喜欢与别人特别是和教师进行合作；学生也会相互之间进行鼓励，并独自承担一些责任；无论教师是否在课堂中，都不用担心去维持学生良好的学习行为。

民主型的教师领导方式与风格的形成，既能遵循营造积极教学心理环境的原则，同时对于促进教学整体的发展有着非常重要的作用。

2.营造积极教学心理环境的策略

（1）建立积极、恰当的教师期望。对于学生的发展来说，教师对学生的期望有着非常重要的作用，从某种层次来说，教师的期望对学生的自我期望有着决定作用，并对学生的学习程度产生影响。

（2）加强师生之间的非语言交流，重视隐性课程的教育作用。在高校教学活动中，调动学生的积极性，激发和维持学生学习的积极性，在很大程度上都是依靠师生之间的非语言交流，这就要求教师要善于运用非语言的沟通方式来对教学心理环境进行营造。在教学活动中，教师自然、真诚、亲切的表情，除了可以使学生的对立情绪和紧张情绪得以消除或缓解外，学生能够亲身感受到来自教师的爱护与关怀，并能够使学生对教师的依赖和尊敬从内心得以萌发和增强，使学生对教师的悦纳感和心理安全感得到增强。积极、良好的情绪可以改善学生对教学活动的态度，调动学生的积极性，同时也有助于使学生的情绪得以调动。

（3）给予学生自主学习的空间和自由，鼓励学生自信、自强。积极教学心理环境的自主性和创造性是其两个重要的特征，学生的自主学习动机、自主学习的行为、自主学习的意识，以及对学生创造性能力的培养，都依赖于学生的自主学习空间、自由，以及自强、自信的心理品质。

（4）重视"鲶鱼效应"，调动学生学习的积极性和主动性。从群体心理学的角度来看，"鲶鱼效应"是指当充满活力和竞争力的个体加入群体中后，会使整个群体内部变得紧张，惰性也会得到相应的改变，从而使整个群体都充满活力的现象。在教学中，教师要善于培养、利用和发现这样比较活跃的"鲶鱼"，从而使教学气氛变得活跃，调动全班学生的积极性。

（5）及时给予学生有效的反馈。及时反馈除了包括对有形知识信息的反馈外，还包括师生之间的情感交流与反馈。这不仅有助于教师对学生的学习状态进行及时的了解，同时这也是教师关心和关注学生的重要体现。使学生感受到教师的重视和关注，这对于对学生学习的积极性进行维护，顺利开展教学互动，形成良好的师生关系等有着非常重要的作用。

3. 需要注意的问题

（1）关注学习困难学生。教学心理环境的营造是由教师和学生共同进行的。积极的教学心理环境，除了由教师的教学水平决定外，学生对教师的态度和认可也是其中较为重要的一个因素，特别是学习困难学生的态度。这就要求教师要充分地关注学习困难的学生，并给予其期望，对这些学生的发展潜力进行挖掘。根据罗森塔尔效应，教师对学生的关注与期望对于学生心理环境的变化有着积极的影响，有助于学生学业成绩的不断提高。

（2）避免对学生进行心理惩罚。心理惩罚是指通过采用语言或非语言行为，教师有意地对学生施加一定的心理压力，这种压力会对学生的心理造成伤害或使其心理压抑，并以此作为惩罚的一种教育方式。

在高校教学活动中，教师往往会对学生的言行举止采用言语形式进行消极强化的心理惩罚，以使学生在心理上产生恐惧、焦虑、紧张等情绪，对学生的心理造成伤害。教师在教学中有意或无意的非言语行为，如一个动作、一个眼神等，都有可能会对学生造成一定的变相的心理惩罚，从而造成教学氛围的紧张、压抑，甚至是师生关系的僵化。这就要求教师在教学中注意避免对学生进行心理惩罚。

六、高校教学环境的优化

所谓高校教学环境的优化，实际上就是指依据某些特殊的要求，对整个高校教学环境中的诸多因素进行选择、分析、重组、控制与改善，以保护或发挥教学环境之中的有利因素，同时抑制或消除各种不利因素，从而使教学环境达到最佳状态，最终促进师生的身心健康与教学活动的顺利进行。

（一）高校教学环境优化的重要依据

通常来说，高校教学环境的优化应重点考虑以下几方面的要求。

1. 学校培养目标

学校培养目标具体、明确地规定了人才培养的各方面规格与具体质量要求，而这也是学校各项工作的出发点、落脚点与最终归宿。优化教学环境，这在一定意义上主要是为了更好地实现学校培养目标。对于教学环境的优化，不仅要以特定的培养目标作为其依据，同时还必须体现出对学生培养目标的本质要求。

2. 学生的身心发展特点与规律

在进行学校环境的优化时，应尊重青少年学生的身心发展特征。这是优化教学环境的首先必须遵循的基本规律，同时也是判断教学环境良好与否的重要衡量标准之一。

3. 外部环境的影响

外部环境是影响学校环境的重要因素之一，其发生的任何变化都或多或少地影响、改变着学校的整体教学环境。学校环境是随着外部环境的变化而变化的，因此，必须做好以下两方面的工作：其一，与时俱进，充分利用外部环境中的有利因素，从而营造和谐、健康、丰富多彩的学校教学环境；其二，必须采取各种必要的措施，从而对各种不良的社会风气与因素进行预防与抵制。

4. 学校的实际情况

对于教学环境的优化，其实并没有一个十分绝对的标准或统一模式。教学环境的设计与优化要以校为本、扬长避短，从而突出自身的优势。只有充分考虑本校实际情况与经济条件，才能创建富有个性化的、健康和谐的教学环境。

（二）高校教学环境优化策略

在高校教学环境设计的基础上，如何进行教学环境的优化，必须思考两个问题：一是优化什么；二是如何优化。这两个问题是进行高校教学环境优化的关键。具体而言，我们应从以下几个方面入手。

1. 确定需要优化的高校教学环境因素

通过 SWOT 分析法，我们首先要对高校教学环境中存在的优势与劣势，所面临的机遇与威胁进行全面分析；其次，找出高校教学环境中存在的一切问题；最后，依照问题的轻重缓急与影响程度确定需要优化的问题。

2. 制定高校教学环境优化的实施方案

在明确了高校教学环境中存在的问题后，就需要制定高校教学环境优化的具体方案。

3. 优化高校教学环境的方法

在进行高校教学环境的优化时，应树立以人为本与系统整体的观念，综合考虑各种环境因素，扬长避短、强化优势、转化劣势。

一般来说,优化高校教学环境主要有整体协调法、增强特性法、利用优势法、心理定式法、适应强化法以及自控自理法等。在运用这些方法进行教学环境的优化时应注意以下几方面的问题:

首先,教师必须对学生优化教学环境的活动进行一定的指导。

其次,教师应将良好学生集体的培养作为重点。良好的学生集体对学生个体的身心发展能够产生巨大的影响。这是由于学生良好的品行基本都是在集体环境中形成的。因此,可以通过培养健康、和谐的学生集体来影响每一名学生。而这也是培养学生自控与自理环境能力的一个非常关键的途径。

再次,教师给予学生充分的尊重和信任。

最后,教师还必须积极鼓励学生在建设与管理教学环境的活动中充分显示自己的才能,展现学生对美化环境的追求。

第三章 加强高校教学信息化建设

第一节 高校教学信息化管理工作

信息化教学环境建设是学校实现教学信息化的基本前提和重要基础,信息化教学环境建设水平决定了学校能够实现的教学信息化程度。学校要想推进教学信息化,首先就必须建设信息化教育软硬件环境,如建设校园网、建设多媒体教室、多媒体计算机网络实验室,建设教学资源库等。如果没有这些信息化教学环境建设,教学信息化就是镜中月、水中花,是无法实现的乌托邦。

教学信息化需要信息化教学资源的支持,信息化教学资源是教学信息化的核心内容。信息化教学资源可以依靠学科教师自制,也可以从市场上购买。从当前的教学信息化发展阶段来看,市场上与课程内容相关的信息化教学资源库无论是在内容上还是在类型上已经非常丰富,通过市场购买和校际共享可以较好地满足日常教学中对信息化教学资源的需要,减少教师制作课件的压力,让教师能够将更多的精力和时间放在教学设计和信息化教学环境的创设上。因此在经济许可的情况下,学校或者教育主管部门购置教学所需的信息化教学资源库是一个明智的行为。

但是教学信息化的发展已经从前期的强调教学信息化基础设施建设的速度与规模阶段进化到现在的重视信息化教学效果的阶段,教学信息化不仅关注软硬件资源的建设,更关注教学效果的提高。对于如何提高教学信息化的教学效果,联合国教科文组织认为需要广大教师掌握信息化教学环境下的必要素养与能力。经过较长时间的深入研究,联合国教科文组织制定了一个《教师信息通信技术能力标准》(ICT Competency Standard for Teachers,简称ICT-CST),该标准认为为了使教师能将信息技术融入课堂,成功地实现信息技术与学科教学的整合,教师必须具备四个方面的素养与能力:构建学习环境的能力、信息技术素养、知识深化能力和知识创新能力。虽然 ICT-CST 并不是绝对的标准，但是对于我们推进教学信息化进程具有积极的指导作用。

在高校教师信息技术能力培训中经常将教师使用以计算机和网络为代表的信息技术的能力的培养作为教师培训的重点，培训的内容集中在计算机的基本使用和办公软件的使用上。如在某博文《教育技术是个球》中就提到一个案例，教师脱产一周主要是学习 Flash，教老师们怎么做一个飞来飞去的球。从教师培养的角度来看，使用信息技术的能力属于教师的信息素养的一部分，特别是随着教师信息技能的不断提高，教师培训应当突破这一限制，将培训的重点引向构建学习环境的能力、知识深化的能力和知识创新的能力。

信息化教学效果的提高与否，在很大程度上取决于教师进行信息化教学的能力，使用计算机的能力和制作课件的能力只是其中的一小部分。有研究表明教师信息化教育的能力与使用信息技术的能力并没有直接的相关性，只要教师具备基本的计算机操作技能和多媒体教学软件的使用技能，就完全有能力进行信息化教学活动，但教师信息化教学还需要其他知识和技能的支持。

从教师培训角度来看，对教师进行信息化教学方法的培训比对教师进行信息技术使用技能的培训更为重要。

虽然可以通过培训来提高教师的信息化教学的理论和技能，但是教师信息化教学技能并不能简单地通过短期培训来获得，在教学实践中进行学习是最有效的一种方式。在教学实践中创设良好的学习和讨论环境，促进教师在正式学习之外开展各种非正式学习活动，如定期组织听课、评课、说课活动，组织信息技术支持下的各种新课程的教学观摩活动，开辟教师教学研讨中心，提供案例和资料供教师观摩和研讨，让教师能够有更多的机会接受新的教学模式和教学方法，扩大教师的专业视域。从前期的研究看，随堂听课和评课是促进教师教学能力的最有效方式，在专家的指导下进行定期的听课、评课活动，参与信息化教学研究项目，参加各种专题研讨会都可以达到这一目的。

当前不少教师的视阈被局限于学校课堂教学的范围，其教育教学行为处于较低的层次、较窄的范围，教师的工作被窄化为"教书"，教师将教学信息化也主要集中在知识传递和成绩提高上，不注重学生创新思维的训练，不重视学生探究问题、分析问题的能力和意识的培养。因此在教学实践和专业学习的过程中不重视知识创新能力和知识深化能力的培养，也缺乏这方面的意识。在教学实践中这种局限的视阈限制了他们的教学行为。社会转型要求教师教育向质量提高型转变，提高教师的教育理论素养成为当务之急，而参与专业研讨会、广泛阅读权威期刊中的前沿研究论文就是扩大教师视域，培养教师信息化教学能力的最快捷的方式。

目前教学信息化还处于一个不断发展的阶段，信息化教学的模式和方法还不成熟，需要各个学科的教师根据各个学科的特点，探索适合本学科的信息化教学模式。在当前的信息化教学模式的探索过程中，具体学科教学模式的研究，通常是学科教师根据自己的教学实践和经验进行总结的结果。学科教师在信息化教学一般原则的指导下，可以结合学科教学内容、教学目标和学习者特点，探索合适的信息化教学模式。

教学信息化对以校长为代表的教学管理者角色也提出了新的要求。在教学信息化的进程中，校长是关键。校长及其领导集体的教育技术领导力是其教育技术素养在管理层面的一种反映。根据有关研究，教育技术领导力包括四个方面内涵：教学信息化系统规划能力、信息化教学与课程改革领导能力、教师专业发展领导能力和教学信息化规制建设能力。校长及其领导集体的领导力在决策、管理、服务、评价四个方面影响了学校的教学信息化进程，校长及其领导集体的信息技术知识与技能、理解和应用信息技术的能力、信息化的管理水平等制约了学校的教学信息化发展规划与实现。与学科教师的信息技术教学能力不同，校长及其领导集体的教育技术领导力不是一种知识和技能，更多的是一种影响力、洞察力、凝聚力、协调力与决策力，是属于个体知识和技能的"软"层面。教学管理者是否具有教学信息化所需的能力，无疑会影响学校教学信息化的进行。

第二节 高校信息化教学资源建设与平台打造

一、信息化教学资源及其分类

教学资源是指那些可以提供给学习者使用，能帮助和促进他们学习的信息、技术和环境。教学资源不但在传统教学过程中占有重要的地位，在信息化教学中也是一个重要的支撑条件。信息化教学资源是指以信息技术为支撑的教学资源。

信息化教学资源也包括信息、环境和技术这三类资源。其中，信息资源是指各种数字化形式的能够为教学所用的知识、资料、情报、消息等，包括图片、文本、音频、视频、网页、数据库、虚拟图书馆、教育网站、电子论坛等；环境资源指构成信息化物理空间的各种硬件设备,如计算机设备、网络设备、通信设备,以及形成网络虚拟空间的各类系统软件和应用软件;技术资源是指支持信息化教学得以顺利展开的一切技术手段。

二、教学资源的建设现状

资源是教学信息化建设的核心内容,《教育信息化2.0行动计划》里提出了八大实施行动,而资源建设及服务位列首位,教学资源的重要程度可想而知。教育信息化2.0提出了建成和完善数字资源公共服务体系、优化"平台+教育"服务模式与能力以及实施教育大资源共享计划等重大目标。要想推动教育改革,教学资源建设是关键。

(一)教学资源共建共享现状

我国的基础教育资源建设已经取得了初步成果,包括建设了国家教育资源公共服务平台;各省、市及区县也都建设了各自的资源库或资源平台,部分有条件的平台与国家级平台实现了初步用户互认。基础教育资源包括内容性资源与工具性资源两大类,内容性资源包括教学课件、多媒体素材、教学案例、课程视频、电子教材与题库试卷等;工具性资源包括软件工具、实验平台、网络学习平台等。不论是国家级的资源平台,还是各省、市、区县的地方级资源平台,都涵盖了小学至高中各个年级的教材相对应的资源内容,科目包括数学、语文、英语、物理、化学、生物、历史、地理,但是音乐、美术、体育、信息技术等素质培养学科的内容与基础学科相比要少得多。

在职业教育领域,我国的教育资源建设也取得了不错的成绩,例如,现已形成了国家、省、学校三级职业资源库建设体系;高职教育的19个专业大类已经被资源库全覆盖,中职教育也被覆盖大部分,剩下的还有待于继续开发与完善;资源库共建共享与学习成果认证制度也已经建立了起来;职业院校和行业企业教育资源的整合在全国范围内也取得了一定的成果。

在高等教育领域,我国的各高校不仅能够自己独立完成课程的开发与建设,而且学校与学校之间、学校与企业之间能够合作开发教学资源,实现教学资源的共建共享,很多高校的精品课程已经免费向大众共享。值得一提的是,教育资源的区域协作模式已经初步形成。

继续教育领域积极推进MOOC(慕课)、网络课程、微课等数字资源课程建设。不同高校之间组建联盟,联盟成员之间秉持共享发展与协同创新理念,精选输出优质资源，择优引进外校资源，共同制定资源研发的技术标准，打破教育资源开发利用的传统壁垒，推进校际资源的共建共享。

由此可见，智能时代，随着技术的发展以及政府的大力支持，我国教育资源建设已经取得了一定的成果，资源数量相当可观，资源库的建设已经较为普及，但是也存在一些问题。例如，疫情防控期间，对教师资源的使用情况进行调查，结果并不乐观。现有的教师资源使用率并不高，结果显示，国家级的使用率仅仅只有32%，而省级的竟然还不到20%。调查结果说明，我国现有的教学资源虽然内容丰富、数量可观，但是能符合教师需求的并不多。这主要表现在资源的类型不够完整、得到教师认可的优质资源较少。教师和学生需要的不是单一的教学资源，而是能够满足他们个性化需求的教学资源。过泛的教育供给与精准的教育需求之间呈现出结构性失衡[1]。教学资源的数量和质量的分布也存在着不均衡的现象，教育发达地区的教学资源数量明显要多于教育欠发达地区，教学资源的质量也要远高于欠发达地区。这种不均衡还表现在资源类型上，工具性的教学资源数量要远远少于内容性教学资源。随着教学信息化的发展，对教育资源的服务意识要求越来越高，但是我国的教育资源公共服务却明显跟不上教学信息化发展的需要。各级资源服务平台的建设秩序混乱，缺乏统一的管理，各级平台之间的互联互通还有待进一步深入，区域之间协作还有待进一步加强，以便更好地实现资源共享。

（二）智能时代新的资源观

未来的教育必然是基于网络环境的更加开放的教育，是更加重视学生个性化和多样性的教育，是引导学生主动探究和快乐学习的教育，是让所有孩子都能享受到优质教育资源的教育，因此未来数字教育资源的发展必然是基于个性化的数字教育资源服务和教育教学模式的创新。

陈丽教授认为互联网使得人类借助于新的手段将全部智慧汇聚，出现知识回归现象[2]，将形成一个不断吸纳新知识、不断传播新知识的生态体系。教育资源作为教育内容的载体，也随之呈现新的特点，如图5-1所示。

在教育资源呈现新特点的背景下，教育资源观也随之发生转变，具体表现如图5-2所示。

---

[1] 冯晓英，王瑞雪，曹洁婷，等."互联网+"时代三位一体的教育供给侧改革[J].电化教育研究，2020，41（4）：42-48.
[2] 陈丽，逯行，郑勤华."互联网+教育"的知识观：知识回归与知识进化[J].中国远程教育，2019（7）：10-18.

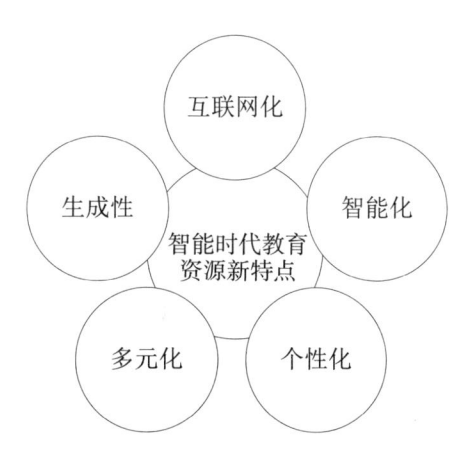

图 5-1 智能时代教育资源新特点

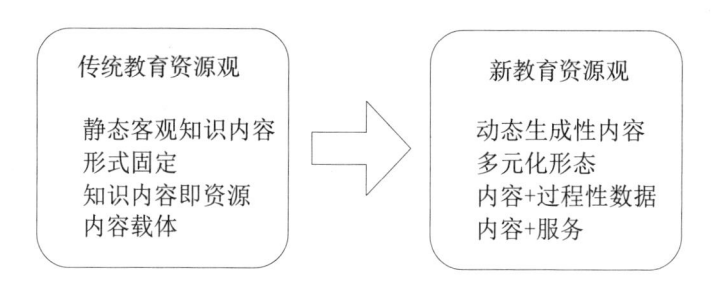

图 5-2 智能时代教育资源观的转变

（三）智能时代教育资源共建共享新模式

（1）以市场为主导的资源共建共享机制。智能时代，学习方式的变革、学习需求的多元化、网络文化理念的侵入、技术的不断革新等诸多要素共同催生了我国数字化教育资源建设的新动向和新机制，教育资源共建共享由无序的状态逐渐走向市场调节的状态，如图 5-3 所示。

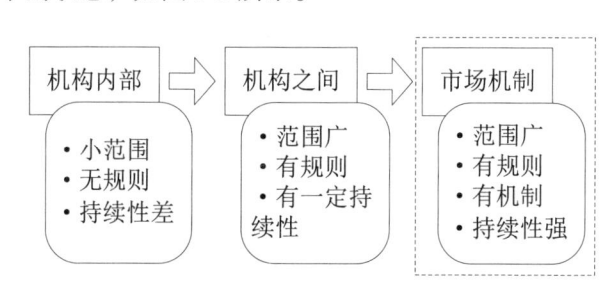

图 5-3 教育资源共建共享机制变化

（2）多主体参与的资源建设模式。智能时代，教师、学生不仅是教学资源的使用者，他们还会参与到教学资源的开发建设中。教学资源不再是仅靠专业人员来开发与建设，每个社会大众都可以成为其开发与建设的主体。多主体共同参与的资源建设模式主要表现出以下几个特点：第一，去中心化，教学资源建设的主体由专业人士变为每个使用者；第二，使用者贡献，由于知识是不断流通与传播的，教学资源的使用者在使用教学资源的过程中生成的过程性数据会成为资源库的一部分，对资源的建设起到完善的作用；第三，动态变化，整个资源建设的过程是一个开放、动态的过程，资源在其中以用户需求和相关过程数据为依据，实现进化和再生；第四，内容与过程数据相结合，过程性数据与资源服务也是教学资源必不可少的一部分；第五，资源服务数字化，教师在基于资源进行教学支持和指导时，其服务外化为数字化的智力资源，并被记录下来转化为过程性资源，流转到不同区域和机构，促进了社会化协同服务模式的形成[①]。

（3）完善的技术支撑和政策保障体系。教育资源建设和共享是一个庞大而复杂的系统工程，既需要智能化的技术（云计算、大数据、人工智能、物联网、语义网、区块链技术、虚拟仿真技术等）支撑，也需要创新的建设机制（资金投入机制、资源配置机制、利益分配机制、有偿共享机制等）和完善的制度（技术标准、资源标准、服务标准、管理标准等）保障，具体如图5-4所示。

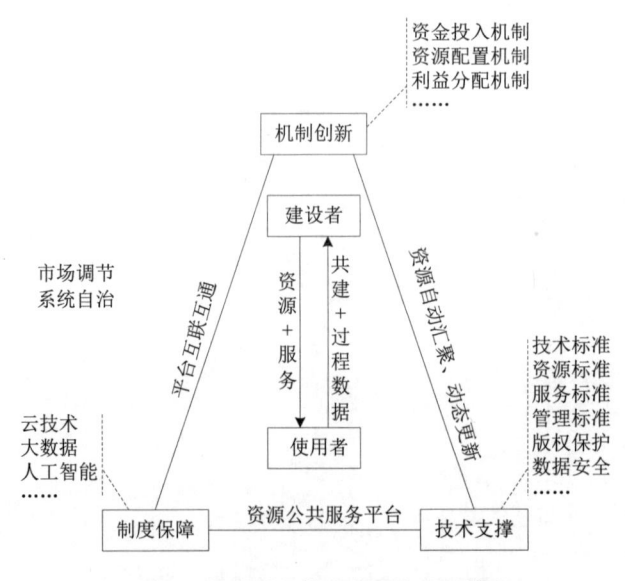

图5-4 智能时代教育资源建设新模式

---

① 赵宏，蒋菲."互联网+"时代教育资源建设新模式探析[J].电化教育研究，2020，41（7）：48-54.

三、教学信息化数字资源建设

（一）数字教学资源的特征

与传统教学资源相比，数字教学资源在数量、结构、分布、传播范围、类型、载体形态、内涵、控制机制、传递手段等方面都有明显的差异，呈现出很多新的特征。

1. 处理数字化

这是指将声音、文本、图形、图像、动画、视频等信息经过转换器抽样量化，由模拟信号转换成数字信号。因为数字信号的复制、传输的可靠性远比模拟信号高，所以对它的压缩、解压、纠错处理也容易实现。

2. 存储光盘化

光盘存储信息容量大，体积小，可以实现快速查询和检索。一张 CD 光盘可存储 3 亿多个汉字，可以存储 A4 文本 650000 页，可以容纳上千幅照片，可存储 5 个小时的调频立体声和 72 分钟的全屏动态图像。目前广泛使用的 DVD 光盘存储容量是 CD 光盘的数倍。

3. 显示多媒化

利用多媒体计算机技术可以存储、传输、处理多种媒体的学习资源，如声音、文本、图形、图像、动画等。这与传统的单纯用文字或图片处理信息资源的方式相比要更加丰富多彩。

4. 传输网络化

数字信息可以通过网络实现远距离传输。学习者只要通过一台能上网的计算机，便可以获取自己需要的信息资源。

5. 教学过程智能化

教学软件的专家系统提供了对教学过程中的信息资源使用的实时监控、数据采集、分析和帮助等机制。它能根据学生的不同特点选择最适当的教学内容和教学方法，并可对学生的学习特征进行有针对性的个别指导。它不仅能发现学生的错误，指出学生错误的根源，还能做出有针对性的辅导或提出学习建议。

数字化的教学资源具有数量大、类型多、多媒体、非规范、跨时间、跨地域、跨学科、多语种的特点，文本、数据、图形、声音和视频等均列其中，分布式存储成了数字化教学资源存在的主要形式。从整体看，数字化教学资源还处于一种无序状态，信息分布和构成缺乏结构和组织，信息资源发布具有很强的自由性和随意性，质量缺乏必要的控制。面对这些问题，我们更需要用"慧眼"去粗取精，去伪存真。

（二）数字教学资源的来源

数字化教学资源的来源主要有三种，分别是对现有资源的数字化改造、师生共同创作数字化资源和专业人员开发建设数字化资源。

1.对现有资源的数字化改造

就目前我国存在的教学资源来说，大多数都是过去教育教学实践中积淀的非数字化教学资源，包括印刷品、音像制品等，只有少数是近几年开发的数字化教学资源。这些非数字化资源的数量特别庞大，其中精品数量也不少，就今天而言，教学价值也是极高的。将这些非数字化资源改造为数字化资源，不仅可以带来经济效益，还可以带来一定的社会效益；既可以挽救有价值的教学资源，还可以节约教育经费，缓解教学资源的匮乏。

在现有的资源当中，我们可以使用数字相机、数字扫描仪等仪器将图片和文字材料转化为数字化教学资源，使其可在计算机上加工、处理和传输；对于音响材料来说，我们可以使用计算机软件、相关设备等对其进行改造，使其成为数字化资源。随着信息化技术的不断进步，在教学中使用更加广泛的是数字化音像资源，传统的模拟设备正在被取代。

2.师生共同创作数字化资源

随着数字化教学和数字化学习的产生，出现了一种新型教学资源，即师生共同创作的数字化资源。该类教学资源具有三种基本类型。

（1）展示型作品。一般情况下，用来展示的作品是学生作业的电子稿，教师在教学过程中可发布部分优秀的、典型的学生电子作品，供其他学生观摩和学习。

（2）师生交流作品集。学生与教师之间的相互交流是主要来源。交流作品是：就某一问题，师生之间的交流；教师解答学生的疑难问题。

（3）教师对学生进行评价的作品集。通过教师教学评价活动，教师对学生作品进行评价并给出分数。

3.专业人员开发建设数字化资源

数字化资源的主要来源是专业人员开发建设的资源，开发和建设过程如下。

（1）初期制作。获取所需要的素材，按照一定标准对素材进行分类，并且描述出素材的格式、类别等属性。

（2）素材集成。初期制作之后的素材，虽经过分类，但还是比较零散，没有形成完整的教学功能，这时就需要对各种素材进行处理，将其集成为完整的教学单元。对于文本、图像、声音、动画及影像等素材，创作人员使用多媒体集成软件对其进行集成编辑。目前，PowerPoint，Authorware，Flash 等是常用的多媒体素材集成软件。经过集成处理的素材，具有较强的教学功能，在教学实践中可直接使用。

（3）内容标引。完成后的素材，还要经过专业人员对其进行标引。标引工作包括分析资源内容，给出主题，对资源设计关键字等标示，为资源检索提供方便。

（4）质量检查。检查的内容包括标引的正确性，图像、声音及视频质量，文件大小，格式等。

（三）数字教学资源的优势和缺憾

与传统的教学资源相比，基于计算机和网络的数字教学资源有其独特的优点。教学资源的类型多种多样，内容繁杂。传统的教学资源需要耗费大量的时间和精力来管理。而基于计算机技术，尤其是数据库技术的数字信息资源，在分类、存储、查询、输出时都可以做到有条不紊，高效优质。教学资源管理的高效性也为利用资源带来了方便和快捷。光盘和大容量硬盘的使用，让教学资源，尤其是教学素材的运用变得更加方便。网络技术的运用克服了地域上的局限，使教学资源的传输更加便捷。运用各种软件制作的动画、视频等数字化教学资源，可以使教学中动态、直观的信息的使用量大大增加，这些动态演示在可控性方面也得到了极大的改善。但是，网络上的数字教学资源也存在着一些问题。如网站地址的频繁变动，会造成信息链接的不稳定，信息内容保存时间短；信息资源发布有很大的自由度和随意性，缺乏必要的质量监控和管理机制；信息检索准确度不高等。

（四）数字教学资源库的建设

1. 数字教学资源存储的基本要求

在获取了大量的教学资源之后，就需要对其进行分类存储。教学资源的存储必须满足存得上、找得到、读得出、信得过、用得起五方面的要求。

第一，存得上：就是要具备完备的资源收集提取策略。第二，找得到：要求对资源有科学的描述，为资源的提取提供方便。第三，读得出：对找到的数字资源，还要能够方便地将资源还原呈现出来。第四，信得过：让资源的托管者、资源的管理者和资源的使用者都确认系统是可信的。第五，用得起：教师在选择资源、建设系统时，应该考虑到学校的经济实力，即必须保证能用得起这个系统。资源使用成本包括系统建设成本和运行维护成本。一般情况下，运行维护成本远远高于系统建设成本，它是影响系统能否持续运行的关键因素。

2. 数字教学资源库开发的原则

在建设和开发数字教学资源库时，需要遵守以下原则。

（1）教学性原则。数字教学资源库的建立不仅要满足教与学的需求，还要有助于解决各种问题，包括教学重点、难点、关键内容等问题。在安排学习进度、呈现教学信息的时候，不可忽视教与学的原理，应对其进行充分的考虑。

（2）科学性原则。数字教学资源作为传授学科知识的教学资源，所反映的内容必须正确，目标必须明确。

（3）开放性原则。对于教师和学生来说，数字资源是教学素材，资源库中应该尽可能包含教师和学生参与制作的作品。

（4）通用性原则。当今最新的数字技术和资源设计思想在数字资源中都有体现。在一定的技术标准规范下，数字教学资源应满足不同教学情境和形式的学习。

（5）层次性原则。应对数字教学资源进行分块管理，以便学习者自主选择需要的资源，满足各知识水平学习者的需求，将数字教学资源的潜能最大限度地发挥出来。

（6）经济性原则。在对数字教学资源进行开发的时候，我们要对经济条件做出考虑，尽量得到投入少、质量高的教学资源。除此之外，还要加大力度改造现有资源的数字化程度，减少重复建设造成的浪费。

3. 数字教学资源管理的模式

我们应该加强管理教学资源库的力度，避免教学资源流失、损毁等情况的发生，以更好地满足学习者的需求。教学资源具有的相关属性包括资源名称、编号、学科、专业、适用对象、关键字、存放位置等，为了更加方便地使用教学资源，我们应该建立相应的教学资源管理系统，将各属性分别记录在系统数据库中，在使用时可自动生成树形目录索引。

（1）文件目录管理。文件目录管理是所有资源管理方式中最简单、最原始的方式。服务器上有不同的目录，将不同的资源储存在不同的目录中，借助计算机操作系统对目录进行共享，对教学资源进行管理和操作。文件目录管理模式的特点是：资源管理更加直观、简单，远程访问速度快，资源文件可以通过网络邻居 http 或 ftp 直接下载到本地网络。但是，使用这种方法，资源不太安全，容易受到病毒的攻击，并且很容易被其他人盗用和破坏。

（2）专题资源网站。相比文件目录管理方式，专题资源网站的资源管理方式针对性更强。专题资源网站有两种类型，一是主题学习资源库，二是虚拟社区资源库。主题学习资源库与国外的研究学习网站（Web Quest）比较相似，它主要是提供各种探究活动、学习资源、谈论组，以及丰富的资源和空间，以便学生对某一主题进行研究性学习，比如学习空间知识、克隆等。虚拟社区资源库对资源进行了划分，每个讨论组中包含的内容不同。用户在获取资源的同时可将自己拥有的资源与别人共享。每个版块相对独立，有专门的负责人。负责人需要对版块中的发言进行定期整理和归类，将零散、无序的内容变得有条理性和系统性，同时还可以将精华资源推荐给其他用户。

（3）学科资源网站。学科资源网站的建立基础是原始资源库。每个网站以主题的方式将与本学科有关的所有资源呈现出来，并且还将相关的检索方式提供给用户。把网站按照学科进行分类之后，对于学科教师积极性的调动具有促进作用，而且还能调动骨干教师参与资源库建设的积极性。如果有新的资源添加到原始资源库中，学科网站就会对其进行分类，将其归到所属学科网站中，并且将更新后的信息显示在学科网站的主页上。如此就可以在很短的时间内将网站的框架建起，为学科教育积累资源。在网站建成之后，学科教师既可以搜索门户网站上的资源，又可以更为精细地检索原始资源库中的资源，以此获得大量的原始资源，然后再以教学需求为依据重新组合这些资源，根据各学科的特点，再与该学科的科学研究相结合。这类网站资源充分体现了不同学科教与学的需求，网站内不仅含有题库、教案库、课件库、素材库，还含有多种具有学科特点的特色栏目和热点专题，比如语文的作品赏析、读写天地，地理的旅游专题，生物的垃圾分类、环保专题，历史的文化遗址、历史古迹等。

四、教学信息化资源的平台

（一）基于钉钉在线课堂的网络云学习资源平台

钉钉是由阿里巴巴集团打造的免费沟通和协同的多端平台。学校利用钉钉群开设直播课堂，教师可以自由地为学生进行直播，学生随着教师的直播主动学习并进行师生互动,教师可以随时根据学生的反馈进行教学调整。直播内容自动保存,学生课后可随时观看回放,家长也能一同观看并进行辅导,既有利于学生的个性化学习,又有利于亲子关系的建构。

钉钉群的功能强大,可以发起群直播,如同日常课堂教学一样向学生展示PPT、音视频等,利于教学辅导与讨论;可以上传课件,方便学生查看;可以布置作业,学生可以线上提交作业;可以发布群公告,方便教师发布课程信息;可以签到考勤,实时查看学生到课情况;课堂使用过程中,可以不中断课程,随时发言、提问等。

钉钉既可电脑端操作,也可以手机端操作。智能手机普及率近些年来呈现爆发式增长,并且国内4G网络已较为完善,因此每位学生在家即使没有电脑,也可通过手机接入移动互联网进行学习。此外,多家网络运营商在疫情防控期间为师生上网流量提供优惠,师生们都能享受网络提供的便利,为教育公平和教育质量提供了保障。

上教学辅导与讨论课时,屏幕上方显示视频、课件,下方是讨论区。主讲教师主要通过影音进行教学辅导,学生有问题可随时在讨论区提出、讨论,另一位教师或助教随时引导回答,真正实现了"主讲教师不中断,其他老师或助教实时回答"的辅导与讨论的教学模式。课后,师生更是可以随时进行讨论。因此,从课上到课下均可实现教学辅导与讨论完全融合。

(二)基于腾讯教育的网络云学习资源平台

腾讯在国内的知名度相当高,旗下的QQ、微信及相关的延伸业务共同组成了一个庞大的商业帝国。

在教育方面,腾讯很早就推出了腾讯教育频道。腾讯教育是中国用户量最大的教育门户网站,将国内外优秀教育信息资源和强大的产品服务紧密结合,网站开设有考试、外语、出国、校园、博客等栏目。但是腾讯教育频道更主要的是作为门户网站存在,并不是面向大众提供学习机会的在线教育网络平台。

1. 腾讯教育概述

随着在线教育平台的发展,腾讯随之推出了正式的在线教育平台,即腾讯课堂和腾讯精品课,同时腾讯大学也在逐步完善,在未来也将会成为在线教育平台。

腾讯在教育领域的布局比较长远。除了教育门户网站之外,在上线腾讯课堂之前,QQ进一步地完善了QQ群视频直播工具、支付工具的相关条件,为腾讯课堂上线之后形成完整的闭环而提前做准备。

2013年11月，QQ正式推出了基于群的教育模式，2014年4月推出腾讯课堂。这个平台聚合了优质的教育机构和教师的海量课程资源。需要注意的是，腾讯课堂从一开始就与其他互联网平台一样，定位为开放式的教学平台，帮助和支持线下教育机构入驻平台，以获得更好的教育资源及影响力。

在具体的教学上，腾讯课堂与QQ客户端的关系十分紧密，充分地利用了QQ群的优势，实现在线即时的互动教学。同时在QQ群中还支持进行PPT的课程演示，更为授课者提供了白板、提问等全方面功能。

腾讯精品课与腾讯课堂在定位上有很大的区别，在内容上更为精简，主要包括考试、培训、社会公开课和高校公开课四大类。腾讯精品课的大部分课程是收费的，这些课程来源于知名教师、出版社、学校及其他的教育机构，按照一定的比例分享获得的营业额。

与腾讯课堂依附于QQ群的模式不同，腾讯精品课主要以腾讯视频提供的视频点播模式为基础，进行课程教学。目前腾讯精品课的注册人数已经超过了1000万人，在国内的在线教育领域影响广泛。

2.腾讯教育的平台优势

腾讯教育的平台优势主要体现在以下三个方面。

（1）用户优势。2014年的QQ用户数量为829亿，是全球第二大社交网络，用户优势在TAB（腾讯、阿里、百度）三巨头中最明显。除了用户数量，QQ群有着天然的群聚效应，即使是其他的教育机构也会使用QQ群或者同类型的微信群。这种优势让教学机构非常愿意入驻，通过腾讯平台获得人气。

（2）技术优势。作为互联网公司，技术优势是腾讯发展至今的根本。从QQ交流技术、QQ群构建技术到腾讯课堂依托于QQ群进行开发等，腾讯的技术优势为用户提供了一个便利的学习环境。同时，腾讯为授课者提供了用户关系管理，通过CRM（客户关系管理）技术来管理与学生之间的关系，能够更为方便有效地进行沟通和授课。

（3）推广优势。腾讯课堂对于入驻的教育机构有一定的推广帮助，如果机构在腾讯课堂达到一定评分，那么腾讯将为其提供"万元广点通基金"，主要是用于机构的广告宣传。同时，安排专业人员进行推广指导，让教育机构在短时间内以"零成本"获得第一批固定用户。

（三）基于优学派智慧教育的网络云学习资源平台

优学平台是一个高效学习的平台，它调动和激发学生自主探究的能力，发挥学生学习的主观能动性，满足不同层面学生的学习要求，实现自主前提下的个性化教育模式。

1. 优学预习，智慧可视导学

践行"先学后教"的教学理念初期，课堂的改革者经常有这样的困惑：先学是让学生学什么，学到什么程度；而教师怎样检查学习效果，怎样通过学生的先学来决定教师的后教。"先学"不是让学生泛泛地看看书，而是学生根据教师所给出的学习目标和任务，带着思考，用科学的方式，结合有效的资源而展开的自主预习、主动交流和自主检测。这样的学习方式，既培养了"好学生"自主学习习惯，也培养了"后进生"独立学习的习惯。

先学的模式加上电子书包的丰富资源和反馈的数据，使得学生的预习能够有多种选择。将资源变成学习任务，用任务来确定预习内容，让先学的过程有了层次性、趣味性和个性化特点。老师能够利用教师账号随时在线查看任务完成的时间、任务完成的质量、存在的个性和共性的问题，解决了之前预习的反馈滞后性、反馈结果模糊性、学生学习被动性的问题，让学生的先学用数据的形式呈现，而这些数据更直接有效地指导了教师的课堂教学。以优学平台为依托的课前导学并没有减弱课堂的重要作用，而是发挥着"催化剂"和"发动机"的作用，实现了课堂功能的转变。

学生要成为学习的主体，意味着教师在备课时要投入更多的精力，要详细地了解学生已知、未知，哪些新知是可以通过迁移获取的，哪些知识是教师必须教授的。以往是靠教师的经验进行预设，现在可以通过导学推送相关的内容、数据统计帮助教师目标定位知识的盲点，在授课前有针对性地进行备课，教师还可以在手机中适时评价学生的作业。

课堂上学生普遍存在的、突出的或可迁移延伸的问题，借助智能统计，一目了然，再进行分析、讨论、讲解、巩固，将事半功倍。

2. 优学互动，智慧人机对话

在传统课堂的教授环节中，教师与学生的教学互动往往是射线式的、单向的，老师教什么，学生学什么。所以，大多数学生的学习过程是被动的。而优学派电子书包给了课堂逆向的互动方式，将教师定位为服务于学生的指导者，将课堂打造为学生与自己、学生与老师、学生与学生，甚至学生与信息平台之间对话交流的场所，达到了"后教"所需要的知识与技能的需求，同时丰富了课堂的互动方式，让课堂成为交流对话、合作创新的平台。

优学派的互动教学组件中，互动题板和截屏发送这两个功能有机地结合了人机互动和师生互动这两种模式。教师在教学的过程中可以将教学任务即时发送到每个学生手中。在完成教学任务的过程中，师生都能够实时看到学生的答题进度、学生作业提交时间。学生在进度的压力下，更容易集中注意力，提高学习效率，高效完成师生互动。而在教师对结果的检测环节中，可以随机抽取某个学生的作业进行讲评，也可以随机抽取几份作业进行互评。这个学习环节，让老师的教学管理更高效，让教学更轻松，让学习更快乐，让沟通更便捷。

互动课本的应用更加丰富了传统课堂教学，将课件与课本互为补充，让师生角色适时互换，学生可针对自己的理解与感受更直观地在电子大屏幕中勾画、批注、讲解，将无声课本变成有声工具。真正实现课堂是学生思维飞扬的竞技场，让学生在互动交流感悟中提升能力。

3. 优学反馈，智慧数据课堂

现在教学活动中的评价基本以考试成绩和教师平时的观察为依据。这种没有数据统计和比对的评价本身的信度和效度往往具有局限性和片面性。在现有的大班额教学模式下，教师对于一部分学生特别是中等或者中等偏下的学生的学习数据了解不够，也很难对这部分学生进行准确全面的评价和持续有效的指导。

优学派电子书包与传统课堂最直观的对比是于教学效果的及时反馈中体现出来的。它能将学生整体情况和个体差异的数据，及时、准确地反馈到教师的手中。而教师可以基于这些数据的分析和比对，在讲解的环节中，精准把握学生的所需所求，建立科学的、务实的课堂。在大数据和小数据的催化作用下，实现课堂的精讲。

在课堂的互动环节之后，学生通过完成各种任务，对教学内容有了自己的认识，形成了自己对知识的总结、归纳和提炼。而进一步的学习渴望，就是检测自己对掌握知识的应用能力。每个学生在不同的智力水平下，所收获的知识和技能是有差异的。如何准确判断学生还存在哪些共性和个性的问题，是每个教师最想知道的。利用优学派的数据反馈功能，能清晰地看到学生的收获曲线。

通过数据的高峰值和低谷值，把握教学的短板，进行个性化的、科学的课堂讲练，才能把精讲落到实处。搭乘优学平台、构建智慧课堂体现了现代化教育的重要性，它为教师和学生提供了系统化的一站式学习辅导，丰富了教师的教学方法，记录了学生的学习轨迹。

第三节　高校信息化教学方法

一、信息化教学方法的含义

信息化教学方法是教育者和学习者为达到一定目的，使用现代教育媒体而形成的教与学的活动途径和步骤。信息化教学方法是教学方法体系的一个组成部分，与其他教学方法没有本质上的差别。但是，信息化教学方法强调媒体或信息技术手段的应用，是围绕现代教育媒体的应用而形成的方法。

信息化教学方法必须依靠现代教育媒体而展开工作。这是其区别于其他教学方法的特征。在信息化教学方法中，现代教育媒体的作用是多种多样的，在不同的教学环节中其作用可以有大有小，但它们却是不可替代的。

信息化教学方法必须依据一定的教学理论而展开工作。这是一切教学方法的共性。信息化教学方法不刻意追求某一个教学理论，各种现代教学理论对信息化教学方法都具有指导意义。此外，现代教育媒体的应用并不意味着信息化教学方法与现代教学理论就有了天然的联系，先进的思想可以影响它，传统的思想也可以影响它。从某种意义上而言，信息化教学更需要现代教学理论的指导。

信息化教学方法必须指向一定的目标，解决一定的问题。教学方法的应用要在教学目标的导向下进行，如果没有目标，教学方法也难有成效。

信息化教学方法有其结构。这一结构是根据教学的需要，应用现代教育媒体而形成的一系列步骤、环节和过程等。教学方法在实施中都要展开其步骤和环节等结构性因素，但是信息化教学方法的实施、现代教育媒体的应用会使这些结构性因素发生变化。如有些教学活动，在现代教育媒体的支持下，可以使教学双方的步骤非同步展开。

信息化教学方法来自两方面：其一是在原有的教学方法的基础上融合了现代教育媒体的应用，使得这些方法有了新的特点，如在传统的讲授法的基础上结合了幻灯、电视等媒体的演播；其二是在运用现代教育媒体的基础上形成了新的教学方法。

二、信息化教学方法的分类

从不同的性质特点出发，可把信息化教学方法分成不同的种类。分类的目的在于明确各种信息化教学方法的概念、特点，以便能够正确选择运用。

(一)从学科性质分类

按照学科性质的不同,信息化教学方法可分为语文信息化教学法、数学信息化教学法、物理信息化教学法、化学信息化教学法、地理信息化教学法等。学科信息化教学方法是研究信息化教学媒体在不同学科中的运用方法,主要是研究信息化教学媒体对不同学科内容的表现方法。

(二)从媒体种类分类

信息化教学媒体丰富多样,各种不同的媒体在教学中有不同的使用方法。据此分为幻灯投影教学法、广播录音教学法、电视教学法、电影教学法、计算机辅助教学法、语言实验室教学法等。媒体教学法的实质是研究各种不同的媒体在教学中的具体运用,包括运用的原则、环境要求、具体方法等。

(三)依据教学内容来分类

主要有以传授知识为主要目标的播放教学法和程序教学法;以训练学生技能为主要目标的微型教学法;以检查学生学习成绩为主要目标的成绩考查法。

三、信息化教学的基本方法

目前,在教学实践中可用的信息化教学方法多种多样。在信息化教学中,必定要借助于一定的信息化教学方法具体运用到各学科、各课题,这就需要教师利用有限的几种基本教学方法,根据具体教学情况加以选择或综合运用,从而创造出适用于某一学科中某一课题的某一具体情景的具体教学方法。那么,面对可供选择的信息化教学的基本方法,我们究竟选用什么样的方法好,如何运用恰当的教学方法来帮助我们实现有效的信息化教学呢?这就要求我们了解这些方法,对它们进行具体的分析,讨论这样一些问题:不同的信息化教学方法各有哪些特点?有哪些优势?由哪些具体活动组成?适用的范围和条件如何?当我们从这些方面对信息化教学的基本方法进行具体的分析之后,就能较好地认识它,教师便可根据教学内容的不同、教学对象的差异、教学目标的区别、教学时间的松紧和自己的特长,选择运用一种或几种基本教学方法创造出生动活泼的具体教学方法。

(一)讲授-演播法

讲授-演播法是一种最常见、最普遍的方法,该方法结合了教师的讲授和媒体播放。

将教师的讲授和新媒体播放结合起来的教学方法称作讲授-演播法。课堂教学中最常见、最普遍使用的教学方法也是讲授-演播法。教学信息传递的基本途径之一是教师的语言表达，存在历史最久的方法是讲授法。现代教育媒体的出现使得讲授法具有了现代化色彩。讲授-演播法的特点是教师通过讲授、讲解可以将语言表达的优势完全发挥出来，将教师个人的语言特色和魅力完全渗透在讲解的过程中，系统地将知识的逻辑关系和结构传授给学生，用更少的时间传授更多的知识给学生；通过演播媒体可以让学生更加直观地看到和听到所学的事物和现象，将学生对客观世界认识的时间和空间拓宽。教师口头讲授的同时，使用多媒体展示教学的重点、难点和抽象内容，或将教学内容更加直观地展示给学生，或将情境展示给学生，使得教师的讲授得到更好的效果，这种方式既可以增加教师表达信息的能力，又可以使学生获取知识的方式变得更加丰富。

讲授-演播法结合了讲授的特点和媒体播放的特点。在讲授-演播法中，现代教育媒体扮演的角色是辅助教师讲授，比如将事物或现象的图像或声音呈现出来，增加感性的材料，将课堂气氛烘托起来，使得板书更加精炼等。讲授-演播法既能以教师讲授为主、媒体播放辅助为辅，也可以媒体播放为主、教师讲授为辅。[①]

（1）第一种典型步骤的具体活动内容。①唤起回忆、引入课题：利用媒体展示事物的图像，引起对该事物的回忆，同时引入课题。②提出问题、锁定任务：教师在对事物进行介绍的基础上提出问题，引出和锁定本节课的任务。③进行活动、实现目标：教师播放媒体，给学生观看相关的视听内容，并指导学生阅读文字材料，通过思考、回答问题等一系列活动实现教学目标。④总结完善：教师用影片和概要、简练的语言进行总结。

（2）第二种典型步骤的具体活动内容。①引入课题：用媒体展示具体事物的形象，暴露问题，把学生的注意力引入课题。②转化概念：把形象的东西转化成抽象概念。③学生活动：教师进一步提供新的材料，让学生进行思考、议论等活动。④教师总结：教师进行总结。⑤概念应用：学生在新的情境中运用所学的概念解决问题。

讲授-演播法的适用范围和条件：讲授-演播法适用于教材系统性强的学科，适于传授和学习事实、现象、过程性的知识；使用这种方法需要教师有较强的语言表达能力和运用现代教育媒体的能力，并且要求学生有较高的学习自觉性和听讲的能力。

---

① 张一春. 高校教师ET能力发展模式研究[D]. 南京师范大学，2005.

（二）程序教学法

程序教学起源于美国心理学家普莱西于1924年设计的第一架自动教学机器，形成于20世纪60年代斯金纳小步子直线式程序教学理论的提出。程序教学的理论基础是斯金纳创立的操作性条件反射学说和强化理论。

程序教学法就是在这种理论指引下组合和提供信息的一种特殊方法，是教师根据一定的教育学、心理学和教学理论，按照评定的教学对象的状况，把预先安排的教学内容分解为按一定严格的逻辑顺序排列的小单元，构成程序教材。通过一系列专门的问题和答案，然后通过教学机器由学习者操作显示的教学方法。它要求学习者及时反馈并立即决定是否进入下一个小单元的学习。实际上，程序教学可以理解为一种自学方法，每位学生都可以支配自己的学习进度，每一步都建立在前一步的基础上，并在每一步之后都能得到立即强化。程序教学法的特点是：在教学过程中，学生能够积极参与学习活动，思维始终处于高度积极的状态；能充分发挥学生的主观能动性，使学生创造性地学习；人机交互中信息反馈及时，强化有力、指导有方、评判公正；不同的学习者可以自定步调，适应个人的学习进度，有利于个别化教学。

（1）程序教学法的一般步骤。①程序材料（课件）设计。教师和程序设计人员根据需要，把内容与学习过程加以结合，设计有关程序化的教学材料（课件）的方案。②程序材料（课件）编制。程序编制人员根据设计方案，编制程序化材料。③人机对话交互学习。学生操作设备（计算机），与之对话，在程序教学材料的引导下进行学习。④总结评价。教师对程序学习的结果进行总结和评估。

（2）程序教学法的适用范围。程序教学法特别适用于下列情况：帮助优等生学习一些教师因教学时间的限制而未能讲授的扩充性的学习内容，对学生进行补习性辅导；为学生提供预备性知识；要求标准化行为的教学；开设学校由于缺乏优秀教师而难以开设的课程；开展个别化训练。

（3）运用程序教学法必须注意的问题。①选用或编制结构合理、配置适当的高质量的课件。一个好的课件应具有人工智能的特性，即在人机对话过程中，能从学生的应答反应了解其掌握知识的情况，从而做出有针对性的教学决策，以提高运用程序教学法进行学习的效果。②教会学生使用教学机器。在运用程序教材进行学习前，学生必须懂得计算机操作要领。因此，必须对学生进行事先培训。③明确学习目的，与文字教材配合使用。应用过程中应有明确的学习目的，注意与传统文字教材结合起来。用程序教材学习要求学生有较强的自主性和负责态度。④注意与常规教学方法结合起来。程序教学法虽有优点，但也存在着削弱师生之间、学生之间即时信息交往等方面的不足。因此，运用程序教学法时，必须与常规教学方法有机地结合起来，使之相互补充、相互促进。例如，学生在使用程序教材学习之前，可在教师的引导下掌握所学内容的知识背景、基本概念、术语，理解学习目的和思路，然后学生通过上机练习，消化所学知识或形成技能等。

（三）问题教学法

问题教学法就是为启发学生的思维和培养其解决问题的能力，教师与学生围绕某个实际问题而使用的教学方法。它是一种以学生为中心的教学方法。问题教学法的核心是培养学生的思维能力。信息技术在这种教学方法中起着关键的支撑性作用，它被用来呈现问题情景，作为分析、解决问题的工具。

问题教学法的特点是教学过程中更加注重师生之间的关系处理，突显教师是辅助者、引导者的作用，通常以问题情境来组织教学，以此引起学生思考，促使学生运用知识分析问题、解决问题，增强学生自主学习能力，同时借助信息技术工具建立沟通协作渠道，促进人际交往能力和团队合作能力的提高。也就是说，问题教学法以学生为中心开展教学，以问题为教学驱动力，以小组为教学组织形式，通过过程性评价促使学生能力发展。

（1）创设情境、提出问题。教师充分利用各种信息技术，如借助多媒体教学系统，通过让学生观看相关影视资料、浏览相关网站等多种方式来提出引导性问题。把学生带入问题情境之中，针对问题情境，向学生布置任务；学生接受任务，回忆早期的经验，产生学习的动机和学习的责任感。

（2）分析问题、明确问题、组织分工。在教师的组织下，学生讨论解决问题的可能方法，教师帮助学生分析问题情境，理解问题的情节和情形，进一步找到问题的本质，并对问题进行界定、阐述。教师根据学生的兴趣和能力，将学生分组，分配学习任务，提供相关资源。

（3）探究发现、解决问题。教师向学生提供有关材料、参考资料等学习资源，同时学生通过各种途径，借助并利用信息技术，查找、收集与问题相关的信息与资料；小组成员对收集到的信息进行归类、整理、分析，然后通过相互交流，形成解决问题的方案。

（4）展示结果、进行评价。各小组以幻灯片等形式陈述、展示他们在解决问题过程中的计划和任务安排，完成任务的过程，解决问题的建议、主张；最后通过自评、生生互评、教师评价相结合的方式，以过程评价为主、终结性评价为辅，对学习成果进行评价。即各小组对各自的问题解决方案自我评价，小组之间对方案相互评价，教师评价每个小组的学习成果以及在整个问题解决过程中的方案方法的优劣，并向学生提出新的类似的问题，学生尝试解决新的问题等。

问题教学法的应用需要信息技术的支持，教师能通过信息技术工具创设问题情境，学生能够利用信息技术工具获取丰富的信息资源，师生之间能够利用信息技术搭建沟通交流平台，这样才能保证其有效开展。问题教学法适用于教授各学科领域的概念、规律、理论等教学内容，适用于实践性强的教学内容。

（四）探究－发现法

探究－发现法就是在教师的安排和指导下，主要由学生借助现代教育媒体进行探索、发现问题，从而掌握知识的方法。教师借助现代教育媒体设置问题情境，提出促使学生思考的问题；学生利用现代教育媒体去搜集、查询有关信息，寻找问题答案。这是一种以培养学生创新和实践能力为目的的教学方法。该方法的主旨在于在教学中不给学生提供现成的答案或结论，而是由教师提出问题或设置特定情境的刺激，促使学生自我探索和发现问题，以类似科学研究的方法去获取知识和应用知识，从而掌握要学的知识，调动学生学习的积极性和主动性，培养学生发现问题、解决问题的能力。

探究－发现法是一个发现问题、提出问题和解决问题的学习活动过程。学习者通过亲身活动提出问题、发现答案、解决问题，在探究活动中生成知识，获得的知识印象深刻、不容易忘记；可以发展学习者的分析、综合和评价等高级思维能力，培养发散性和创造性思维；学习者能亲身发展科学知识，帮助他们更好地理解科学的本质。在此方法的应用中，体现出来的是做中学的思想，让学生自己主动学习，亲身实践，探究知识，教师只是提供指导。

（1）教学准备。让学生了解探究－发现的基本技能，提出探索与发现的基本要求，让学生掌握进行探究与发现的工具，提供必要的信息检索指南、专业网站的网址等，使学生知道如何有效地进行探究与发现学习。

（2）设置情境、熟悉任务。教师进一步向学生提供有关需要探究或发现的问题情境，引导学生关注有关的主题，并向学生提供必需的学习材料，以便让学生熟悉任务，进入问题情境之中。

（3）发现问题。学生在教师的要求和引导下，结合过去的知识和经验自行发现问题，确定探究的方向。

（4）搜集资料、解决问题。学生通过各种途径、形式自行搜集资料，如实地考察、调查和采访、进行实验、查阅文献、观看影视录像、个案追踪分析等。搜集资料不是目的，而是了解事物的手段。因此，接下来学生应用现代教育媒体，如计算机网络等工具，自行搜集、加工整理资料，对搜集到的数据资源进行筛选、归类、统计、分析、比较，然后在教师的指导下，得出结论或答案，解决问题。

（5）反馈评价。对学生得出的结论或答案，教师要进行点评和总结。

探究－发现法的应用需要教师具有较强的应变能力和运用现代教育媒体的能力，同时需要学生具备自主学习能力和信息技术应用能力，尤其是计算机和网络通信技术。有了这些条件保障，才能够激发学生的学习动机，引导学生利用信息技术工具和手段，在自主学习环境中进行探究。探究－发现法适宜教授和学习概括性、规律性的知识，适用于对未知领域的问题探究，或对已有知识进行个性化的再认识。

（五）微型教学法

微型教学法由美国斯坦福大学在1963年首创。微型教学法是指教师借助电视摄录设备培养学生某种技能的教学方法。由于该方法是在小教室中对学生的某种技能进行培训，培训时间短、规模小，故称之为微格教学或微型教学。微型教学法首先在教师培训上获得成功，其后被其他学科领域的技能训练纷纷采用，成为一种卓有成效的教学方法，被广泛地应用于各种职业技术训练上。它是让教学对象扮演一个职业角色，表演所要求的一系列活动，利用现代摄录设备记录这一过程，然后指导教师与角色扮演者一起观看录像，进行分析评价，找出差距，再做同样的工作直到掌握所要求的职业技能为止。

微型教学法的应用有以下几个特点。

（1）人数少、易操作、微型化。"微型课堂"由5～10名学习者组成，在课堂上充当"模拟教师"和"模拟学生"的人是真实的学生或受训者的同学，期间不断调换学生扮演的角色，保证每个学生接受培训和个别指导的机会是一样的、充分的，如此不仅可以简化操作方法，还可以将课堂微型化。

（2）训练时间比较短，技能比较单一，目的明确，重点突出。在教学培训过程中，分解教学内容，使综合性教学技能变为提示技能、演示技能、板书技能等单一技能。对每种技能进行单独培训，使得培训目的明确，重点突出。之后，培训者会有一段"微型课程"教学实践，对一两项教学技能进行训练，时间为5～10分钟。

（3）借助媒体设备，展示范例，实时记录。在进行"微型课程"的教学实践过程中，利用电视摄录设备系统展示某项技能的范例，供学生学习和模仿；也可在学生模仿训练时将实践过程记录下来。

（4）反馈及时准确，评价方式多样。完成训练后，通过视听系统重放已记录的内容，供师生点评分析，让学生及时得到反馈信息。评价方式可以是自我评价，也可以是他人评价。

（六）模拟训练法

模拟训练法就是利用现代教学媒体模拟自然现象、运动状态和过程或者是特定的工作环境而进行实验和训练，以揭示其规律的一种教学方法。模拟训练法的特点有以下几点。

（1）突破教学条件限制，方便训练教学。由于教学受到各种条件的限制，在实验或训练的时候不能使用真实环境或事物，使用的环境或事物是由计算机等媒体模拟出来的，如此可使训练教学更加经济、省时、安全。

（2）设备与媒体的广泛应用，丰富了模拟工作环境。模拟训练法用来模拟工作环境，最初是借用机械装置进行模拟。在计算机被用于模拟训练之后，将其与机械装置相结合，对模拟的工作环境来说，在很大程度上被丰富了。

（3）应用信息技术手段之后，拓展训练类型。随着信息技术手段的增加，训练类型变得更加多样化。模拟训练法主要有四种类型，分别是操作性训练、工作情景训练、试验情景训练和研究方法的训练。

运用该方法要提供可供仿效的适合学生发展的教学信息；要使学生进行仿效训练或亲自操作；要面向全体学生；教师应做好引导，及时分析、评价，明辨正误，分析原因，找出最佳思路和方法；要正确处理模拟教学法与常规的实验法、演示法、参观考察法的关系，在条件允许的情况下，要使它们有机结合起来，取长补短；要引导学生抓住事物的本质。

第四节　高校信息化教学模式创新

一、游戏化体验式学习

寓教于乐是游戏化体验式学习的主旨。

古希腊哲学家亚里士多德的《诗学》一书蕴含寓教于乐的思想。古罗马诗人贺拉斯在其文艺理论专著《诗艺》中，提出诗应该使人快乐和有益，也应该对读者有所劝谕和帮助。

虽然同属于教育范畴，但贺拉斯所谓的"寓教于乐"毕竟是针对广义的教育而言，比贺拉斯约早500年出生的孔子则在狭义教育领域中明确提出"寓教于乐"的原则："知之者不如好之者，好之者不如乐之者。"对此，北宋哲学家、教育家、诗人和北宋理学的奠基者程颢阐释道："学至于乐则成矣。笃信好学，未知自得之为乐。好之者，如游他人园圃。乐之者，则己物尔。"

按照程颢的解释，孔子所说的乐，是果而不是因，是"学至于乐"，必然还有一个痛苦的"学"的前提。我们所说的乐，则是"乐而好学"，是先让学生"乐"，然后"好学"。

到19世纪末，英国人怀特海更为清晰地阐明快乐对学习的重要性："没有兴趣就没有智力的发展，兴趣是注意和理解的先决条件。""激发生命有机体朝着适合自己的方向发展，最自然的方式就是快乐。"

寓教于乐在当代和不远的未来最直接、最有效的方法就是游戏化体验式学习。

电脑游戏是许多家长和教师深恶痛绝的东西，但是他们无法阻止越来越多的人热衷于玩电脑游戏。其对人类的冲击远大于远古时期水患对中国的冲击，因而采取"堵"的办法肯定不行。

数年后人们就会嘲笑现在的家长和教师的办法太蠢，就像今天我们嘲笑大禹的父亲鲧一样。所以，未来的教育要做的并不是禁止游戏，而是引导学生有效地玩适合的游戏。但是，如何引导呢？弄不好会水漫金山的。关键就看你的游戏设计水平。

在教与学的过程中，不仅需要具备现实意义的大型游戏，更需要游戏为学习者营造真实的学习环境。近年出现一种严肃游戏，这种游戏对知识体系的构建几乎与现实达到完全一致，通过玩游戏完全能够轻松学到严谨完善的知识和技能。

其中一款经典的严肃游戏叫"世界没有石油"（World Without Oil）。游戏情景发生在全世界的石油已经被人类消耗殆尽之时。玩游戏时会发现，原来石油制品已经渗透生活的方方面面，人类每时每刻都离不开它们。玩家将被迫适应如何生存、生活，如何改变饮食习惯、日常细节和交际方式，如果能创造性地提出新颖的方案，或许就是真实生活中的一个发明创造。

还有一款叫"Algodoo"的仿真物理实验模拟游戏。在游戏中轻松愉快地做各种物理实验，以完成指定的任务。这种游戏平台，还可以让全球各地的人上传实验成果，可以相互分享，甚至还可以在线同步合作。

二、个性化混合式学习

现在，无论是教育工作者还是关心未来教育的家长和学生，都认为以技术为依托的学习革命正在发生。未来的学习，一定是以学生为中心，并且是个性化、自主的混合式学习。

混合式学习模式是线上线下结合的，学生不仅要到学校接受课堂面授教学，还能在家里通过电脑、在地铁里或其他任何地方通过移动设备学习。这种模式既有传统教学的现场氛围和亲近感，又能以不断出现的新技术整合和管理学习过程的关键节点，使教与学的过程都达到最理想的效果。

混合式学习所体现的核心特征之一就是个性化。个性化教学对学生第一要有效激励，使其产生兴趣；第二定位准确，基于大数据的分析保证这一点；第三要目标可选；第四是路径有效。

当今学校所面临的深刻变革，是由学生对学习的差异化、个性化要求所促进的。首先，这种要求并不意味着淡化家庭的影响，相反更为尊重家庭的价值观，更为尊重人的自主选择和个体差异。其次，这种要求还将刺激学校既定的组织架构和规范制度的变革，接受更为丰富灵活的课程结构和教与学的组织形式。目前这些具有开拓意义的探索，将对学校教育的未来产生重要影响。未来主流的学习方式将是定制化、个性化、去标准化。学生自己制定课程和计划，教师的评价会具体化、细节化，并考虑每位学生的个性，再也不会给学生排名次。学习活动不再是特定阶段的历程，而是伴随终身的教育超市，因需而定，随时服务。

个性化并不都是昂贵的，现代技术正在将大规模的个性化教育变成现实。

具有超前思想的 AltSchool（教育创业公司）是一所诞生于 2013 年的微型学校，正在尝试将个性化的教学以规模化、标准化的形式运作。学生决定自己想要学什么；每个学生的教学计划、课程表、作业等都不同；学生可能上午在五年级学数学，晚上在三年级学语文。这种以学生为中心的个性化教学吸引了硅谷传奇投资人，2017 年 5 月 AltSchool 拿到了来自扎克伯格和乔布斯遗孀的 1 亿美金融资，创造了美国 K12（教育名词，指基础教育）领域融资史上的奇迹。AltSchool 的成功融资表明"个性化"具有极大价值，可能成为学校未来发展的重要趋势。

三、自适应学习

在互联网的学习环境中，以学习者为中心就是要让学生按照自己的需求，自主制订并执行个性化学习计划，选择合适的学习内容和策略，通过互动不断获得反馈，从而监控自己的学习过程，并且自我评估，根据评估结果调整下一步学习计划，从而得到优势最大化、个性发展的效果。

"自适应学习"与"个性化混合式学习"有相交的部分，也有不同之处。例如，从技术上对照，"自适应学习"使用的技术是独立的、系统的，且会逐渐趋于成熟的平台，它可以用"个性化混合式学习"所使用的技术和途径为平台服务；"个性化混合式学习"是任意使用现有的技术和平台，没有自成体系的平台和模型。两者将来会趋于融合还是各自发展，或一者普及而另一者消亡，还有待观察。"自适应学习"的概念出现于20世纪80年代，由中国科学院心理研究所认知心理学家朱新明教授提出，开创教育界素质教育理念的先河。在其《人的自适应学习——示例学习的理论与实践》专著中，系统地阐述了学习者通过示例学习获取知识与技能的信息加工过程，率先提出自适应学习的"条件建构—优化理论"。2000年，朱新明等创建的"自适应学习的认知建模"获中国科学院自然科学二等奖。诺贝尔奖得主、认知科学和人工智能的创始人之一西蒙对这项研究成果非常重视，认为其"对认知心理学和学习理论做出了重要贡献"。西蒙积极向世界推广这一研究成果，先后向美国、日本及中国智能计算机高技术代表团等进行推介。

四、创客式学习形态

"创客"现象其实早已有之，但是这一理念的萌芽和提出，则是近几年的事。

2016年，在一项课题研究中，中国专家发现，他们从大量现象中筛选出来排名第一的发展趋势，与世界各国专家的研究成果在某领域中重合，就是"学生从消费者转变为创造者"。

人们普遍意识到，让学生自己动手的体验式学习，不仅有助于学生高效掌握知识，还能使学生产生学习的兴趣和动力，并能自觉自然地学以致用。因此，很多学校开始探索一种新的教学途径，即发挥学生的能动性，把学生自创的内容、想法整合到教学中。中国专家把创客空间列为今后教育技术的重要发展趋势，认为这一趋势将长期影响并改变教育模式，并对其提供强有力的支持。

在工业化生产还不发达的时代和地区，人们根据自己生活所需，自主设计并制作用品，或改进他们认为不合适的东西，以解决生活难题，提高生活质量。这些工作往往都是非常有创意的。例如，在20世纪改革开放以前的中国，织毛衣、做煤球等很流行。女学生用牛皮纸和画报纸折叠出实用耐磨的钱包，男学生用黄泥巴制作坦克大炮等各种武器玩具，都非常有创意。但是，那时候由于信息不对称、沟通不畅,人们并不在意创意的重要性,如今有了互联网,使这种鼓励和支持互相协作、锐意创新并使人兴趣盎然、积极参加的创客运动迅速发展起来。

作为数字化时代的原住民,现在的学生得天独厚,甚至在还没有力气使用工具的时候,就能制造出各种产品。可以说,数字化所带来的变革,绝不仅是改变传统制造业,而是让产品制造者扩展为更多更广的人群,甚至可以使每一个普通人都成为创造者,形成一个规模庞大的产业。

例如,3D打印技术,能使学生方便地创造个性化物品。此外,过去仅为政府、科研机构和大公司服务的大型计算机等设备,现在已经为普通人所使用,学生可以在教室和家里的书桌上从事过去想都不敢想的世界一流的"DIY"设计。

第四章 加强高校教师队伍建设

第一节 高校教师管理的多维解读

一、教师的劳动特点

只有对教师劳动的特点有充分的了解，才能准确把握教师管理的具体方向和内容，从而实施合理的管理方法，促进教师的发展。因此，在具体研究高校教师管理之前有必要对教师的劳动特点进行相应的阐述。具体来说，教师劳动主要具有以下一些特点。

（一）长期性和责任性

教师劳动的对象和劳动的产品都是学生，教师对学生进行教育之后并不能在短期内看出学生的变化。学生的成长与发展是一个非常缓慢的过程。对一名学生的培养需要经过无数教师的接力教育才能完成。因此，人才培养是长久之计，教师必须进行长期的教育工作。而正因为教师劳动具有长期性，贯穿于学生一生的发展，教育一旦产生效果，其效应也是持久和长期的，因此，教师劳动马虎不得，需要教师具备高度的责任感。这就要求教师要在最佳时期给学生最恰当的教育，要依据学生的身心发展规律进行教育，要认识到自己的劳动价值，对社会、对国家、对人民、对每一个学生负责。

（二）示范性和感染性

教师要做到为人师表，说的就是教师除了对学生进行直接的教育外，还要通过自身的言行举止来潜移默化地影响学生。从这一点来看，教师劳动具有示范性和感染性。

首先，教师是学生获取知识的导师和引路人，在学生心目中占据较高的地位。其次，教师的品德言行是学生学习的楷模。作为教师，其开展教育活动的过程，对学生各种实践活动进行指导的过程，都是示范性突出的时候。

（三）劳动手段多种多样

劳动手段是取得劳动效果的重要中介。通常劳动对象的复杂程度决定了劳动手段和方法的复杂性。教师的劳动手段虽然只是"教"，但它又可以分为多种方法和手段。在教学时，教师要注重言传身教，为人师表，以身作则。需要指出的是，随着科学技术在教育领域的不断运用，教师还要不断刻苦钻研教育教学方法和现代教学手段，以提高教育工作效率。

（四）劳动对象具有复杂性

教师的劳动对象是正在成长中的、具有希望的年轻学子。要想获得良好的劳动效果，教师就必须对自己的劳动对象有深刻的了解。学生是活生生的有思想、有个性、有感情的人，无论知识技能的获得，还是道德品质的培养，都要依靠教师精心培养和辛勤培育。因此，塑造人才的工作是十分艰巨而复杂的。教师在教育学生时，要借助一定的中介，也就是教育内容，主要集中在教学大纲和教科书中。教师不仅要掌握这些教学大纲和教材，还要对教育教学中的最新科研成果了然于心。另外，教师还要对教材进行二次加工，实现教育内容的再创造。

鉴于教师劳动对象的复杂性，教育管理者要尊重教师，支持教师的工作，鼓励教师与学生之间的沟通与了解，并保证教师进行工作和科研的时间和条件，并提供一定的帮助；合理安排教师的教学活动，提供必要的图书资料和器材设备等，同时，要引导教师提高工作的创造性。

（五）与学校的教育目标相统一

学校通过教育，培养出一批服务于社会政治经济的人才，因为学校的任务就是育人，所以教师的劳动，最终也要落实到对人才的培养，也就是说要与学校的教育目标相一致。这就要求教师在进行教育教学活动时，必须结合社会和受教育者的发展需要，遵循学校教育的总目标，对学生实施系统化的影响。

作为学校管理者，应当帮助教师意识到教师劳动的社会意义，调动其工作的积极性和自觉性；要使教师满怀信心和充满教育爱，产生投入工作的强烈愿望和不惧艰难的顽强毅力。学校管理者要大力宣传教育事业的重要地位，使教师满腔的抱负与教育事业紧紧联系在一起。为此，学校管理者可以向教师布置任务，帮助教师排除教育教学上的不利因素，并以学校教育目标为标准，对教师的工作进行客观的评价。

（六）劳动成果凝结着集体和个人两方面的努力

教师单独一人是难以完成工作任务获得劳动成果的，这需要教师与学生的共同努力。此外，单个教师的工作也需要教师群体的支持与配合。可见，教师的劳动成果凝结着集体和个人两方面的努力。鉴于这一点，学校管理者应当把教师组织起来，让他们树立集体观念和团队意识，并形成一个具有战斗力的团体；为团体确立共同的奋斗目标，发挥教师集体的合力；加强集体研究，集思广益。此外，强调集体的作用也不能忽视教师个人的努力，教师个人劳动的落实，教师个人的素质和工作的态度比较理想，教育教学工作才能搞好、搞活。因此，学校管理者要重视教师个体素质的提高，并在此基础上，把提高教师的业务水平和素质的工作落实到每一个人，提高教师团体的整体素质。

二、高校教师管理的含义

高校教师管理有广义和狭义之分。从广义上来说，高校教师管理是对教师和教师所从事的工作的关系进行的管理。从狭义上来说，高校教师管理是指对有关教师人事行政方面的管理，如对教师的聘用、调配、考核、惩奖等方面所实施的管理，对教师教学的管理以及对教师人际关系方面的要求等。

高校教师管理的单位是学校和教育行政部门，管理的依据为一系列的规范、制度和措施。开展高校教师管理有其必要性。首先，通过高校教师管理，可以提高高校教师的教学质量，进而培养出大批的、优秀的人才；其次，高校教师管理是有效开发和利用教师人才的需要；最后，高校教师管理是教育改革与发展的重要手段。

三、高校教师管理的原则

在对高校教师进行管理时需要遵守一定的原则，概括来说，这些原则主要包括以下几方面。

（一）主体性原则

高校管理者要积极发挥高校教师的主体作用，在各项管理活动中时刻注意以高校教师为本，这就是高校教师管理的主体性原则。高校教师管理的主体性原则提倡人本管理理念。人本管理理念是现代管理理论发展的一个重要内容。它研究的核心问题便是调动人的积极性。因此，人本管理强调在各项工作中高度审视人的因素，正确认识人的价值，充分发挥人的主观能动性，以谋求人的自由和全面的发展。人本管理思想运用到高校教师管理领域中时,要求高校管理者要"高度重视教师的价值、潜能、作用、行为和动机等,关注教师的情绪、情感体验,关注教师的道德生活和人格养成,建立充分体现自主和发展精神的新型人际关系,使每个教师的积极性和创造力充分发挥出来,使每个教师既获得一种被尊重、被理解的感觉,又充满成就感、价值感和幸福感"[1]。

此外,在高校教师管理中,鼓励高校教师的自我评价也是一种坚持主体性原则的体现。长期以来,在高校管理者的观念中,评价就是上级对下级、领导对教师或是教师对学生的评价考核。这完全忽视了被评价者的主体作用。其实,要想使评价产生积极的效果,应当注重教师的自我评价,注重教师的自觉性和主动性,使其产生积极的参与意识。

(二)权变原则

高校管理者在处理教师管理中出现的问题时要在权变管理理论的指导下进行,这就是高校教师管理的权变原则。权变管理理论和思想是由弗雷德·菲德勒等人提出的。该理论认为,管理层应根据组织所处的内部和外部条件的变化而随机应变,要针对不同的条件寻求不同的管理模式、方案和方法。从根本上来说,教师管理是对人的管理,在教师管理过程中贯彻权变思想,就是要根据教师的不同情况和特点,灵活地采取不同的管理措施。当然,管理者采取的管理办法与管理技术,必须适合于解决某一问题的特定环境和条件。

不同的教师有着不同的素质状况。这种差异不仅表现在平均素质水平上,还表现在各种具体素质的差异和同一种素质中各种要素的差异上。例如,两个教师在身体发育程度上可能差不多,但他们各自在耐力、承受力、适应力、思想素质、心理素质、业务素质方面可能存在着差异。不同的素质决定了教师各自的能力大小和能力作用方向。高校管理者应运用权变管理理论,根据每个教师的能力大小以及能力作用方向的不同,把他们安置在适当的岗位上,以充分发挥每个教师的特长。

(三)刚柔并济原则

19世纪末20世纪初,美国资本主义经济发展迅速,企业规模瞬间扩大,但是管理的落后造成了企业的效率极为低下。此时,以刚性管理为基本内容的泰勒模式,促成了由传统的经验管理向科学管理的转化,开创了科学管理的新纪元,

---

[1] 马晓燕.教师教育论[M].济南:济南出版社,2005:252-258.

大大提高了企业的生产效率。但刚性管理模式强调以规章制度为本，强调遵守和服从，是一种机械的、非人性化的管理，带有强制性，无法充分发挥人的能动性和创造性。后来，现代企业又出现了一种灵活而人格化的管理模式——柔性管理模式。"柔性"在英文里与"灵活性"是同一个词，主要指事物具有的柔软而易变形的性质。柔性管理模式，即用具有柔性特征的管理模式来管理人，不局限于固定的组织结构、稳定的规章制度进行管理，而是随着时间、外部环境等客观条件的变化而灵活变化。它可以激发每个人的潜力、主动性和创造精神。柔性管理模式的产生正好弥补了刚性管理模式所带来的弊端。

在高校教师管理实践中，要遵守刚柔并济的原则，正确的做法是以柔性管理为主、刚性管理为辅。例如，高校在制定各项工作方针、政策和管理目标时，既要让教师遵循一定的规章制度，又要积极创造条件，通过多种渠道，让教师参与讨论计划、制定方案、提出意见和建议。

四、高校教师管理的意义

对高校教师进行管理，具有重大的意义，概括来说，这些意义主要包括以下几方面。

（一）有利于优化高校师资配置

在现代人力资源管理中，非常强调管理的系统性和综合性。在对高校教师实施管理时，也是如此。不管是教师的选拔任用，还是教师的培训等工作，不仅要考虑到高校教育的社会现实需要，还要考虑未来社会对人才的需要，从而使高校教师的发展不断适应新的社会环境。对高校教师情况的分析和研究，要结合全国高校教师发展的情况，而不能只关注某些地区高校教师发展的情况；同时，要考虑高校教师在各级各类学校之间的比例分配，争取做到公平合理、优化组合、平衡发展。综上所述，实施高校教师管理有利于优化高校教师队伍整体的素质和能力，实现资源优化配置。

（二）有利于促进高校教师的发展

近年来，随着社会的不断进步和教育改革的不断推进，社会对师资队伍建设提出了更高的要求，这也使教师在学校组织中的地位、作用和功能日益凸显出来。对于高校来说，教师是一种非常重要的资源。在高校组织中，高校教师是相对稳定的，大学生则始终处于一种流动的状态。这就提醒高校管理者应该把更多的目光投注到教师身上，更多地关注教师的发展及整体状态，使教师的整体作用得到充分发挥，从而向学生和社会提供最优质的服务。

管理的最高境界在于充分发展人的个性，充分挖掘人的潜能，充分发挥人的价值。由此看来，高校教师管理不会单纯地停留在对教师的"要求""使用"和"管束"上，而是会关注和促进教师的发展，把教师的成长、发展作为学校管理的使命，会通过建立集体教研、梯队建设、专业发展等方面的制度和措施，为教师的发展提供良好的环境条件。

（三）有利于促进高校教育质量的提高

教师处于教育工作的第一线，直接从事教育教学活动，是教育的实际承担者和专业人员，直接推动着教育的向前发展。因此，不管是哪一个国家都十分重视对高质量、高水平的师资队伍的培养和建设，以促进本国教育事业的繁荣发展。

作为在高校教育实践活动中处于主体地位的高校教师，在提高高校教育教学质量方面总是发挥着不可替代的作用。不管教学方针、政策制定得如何正确，教学计划、课程标准（大纲）、教科书编写得如何完美，最终都需要高校教师将这些理论转化为实践，继而取得培养人才的成功。可见，对高校教师进行管理在提高高校教育质量方面有着非常重要的作用。

（四）有利于促进高校教育改革的成功

在世界各国的高等教育事业发展中，教育改革永远是一个重要的命题。正是不断的教育改革给各国的高等教育事业发展注入了新鲜的血液。高校教育改革成功需要多方面的保障条件，其中教师的素质是一个相当关键的因素。

高校教师是新的教育方法、新的教育思想、新的教育措施的最终贯彻者和具体执行者。只有高校教师具备较高的素质，才能促使高等教育改革向成功的方向前进。为了使高校教师队伍的素质条件符合教育改革的要求，政府和高校往往需要制定一系列教师管理的新政策、新措施，以保障高校教师队伍的素质并激励高校教师积极投身于教育改革之中。从这个角度来看，高校教师管理是教育改革成功的重要保障。

五、高校教师管理对教师提出的素质要求

高校教师本身的素质是衡量一名教师是否能够担任高校教师本职的最为基本的条件。因此，在高校教师管理中，教师的素质是管理者非常看重的一个内容。一般来说，高校教师应当具备以下一些基本的素质。

（一）能够准确进行角色定位

教师角色是一种极为特殊的行为规范体系，主要由教师的本职职责、职业观念、职业行为、心理品质等共同决定。从古至今，人们都对教师寄予了非常高的期望，认为教师就应当博学多才、谦虚智慧、诲人不倦、和蔼可亲等。其实，不管社会对教师如何定位，作为高校教师，都应当准确定位自己的角色。高校教师承担的角色也是多种多样的。面对诸多角色，教师要合理定位。这需要教师做到以下几点：

第一，树立正确的教师职责、职业观念。教师职责、职业观念体现出了教师对教师角色的性质、价值的理解和判断，也是身为教师的一种思想调节机制。教师职业观念正确，有利于教师充分发挥聪明才智、进行创造性劳动，也有利于促使教师随时调节自己的职业行为，使自己真正融入教师角色中。

第二，培养良好的教师角色的心理品质和行为习惯。教师角色的心理品质包括了对学生的关心、爱护，公平处理教学过程中出现的问题，对自己教育理想的信心等。教师角色的行为习惯则包括了道德自律、规范的言行举止、正确处理同事之间的关系、创造性地完成教学任务、态度良好地对待每位学生及家长等。

第三，协调好各种角色，保证教师角色的正常化。高校教育教学活动的复杂性，使得高校教师的角色具有多样性特征，即教师需要在教学活动中扮演各种各样的角色，如教育者、管理者、辅导者、监护者、示范者等。教师一定要协调好这些角色，具备适时转换角色的能力。

（二）具有健全的身心素质

对于任何一位教师而言，健全的身心素质都是其必须具备的。高校的教师所处的工作环境和工作特点与社会及经济有着相当密切的联系，加之所从事的各种专业技术的特殊需要，在承担脑力劳动的同时还承担着繁重的实践教学任务，在生产实习活动中必须亲自示范与指导，因此，他们从事的是高强度的工作。这就决定了高校教师要具备更旺盛的精力和更充沛的体力。

除了需要具备强健的身体以外，高校教师还需要具备健全的心理。心理素质决定着人们的情感过程、认知过程等内容。高校教师应当具有敏锐的感知力、创造性的思维能力、积极的情感、坚忍的意志、自信乐观的心态等。

（三）具有深厚的专业理论知识

教师专业理论的掌握程度，直接影响着教学的质量。因此，高校教师想要将学科知识传授给学生，必须具备深厚的专业理论知识。具备深厚的专业理论知识，一方面需要高校教师精通本学科的系统知识，熟悉学科的基本结构以及各部分之间的内在关系；另一方面还需要教师掌握学科最新的研究动态。高校教师只有具备了深厚的专业理论知识之后，才能全面地理解教材内容，灵活多变地处理教材，将教材的知识深入浅出地讲授给学生，从而便于学生理解和掌握。

（四）具有广博的文化知识

学生要想获得全面的发展，就不能缺少一定的文化知识。对于高校教师而言，想要将文化知识传授给学生，自身首先应当具备广博的文化知识。高校教师之所以要具备广博的文化知识，源于以下三方面的原因：

第一，各个学科之间有着紧密的联系，教师只有具备广博的文化知识，才能更好地帮助学生用严谨、缜密的思维逻辑去理解和学习学科内容。

第二，学生在接受高等教育的过程中，依然处于成长阶段，有着十分强烈的求知欲、好奇心，且兴趣甚为广泛，需要教师以广博的知识去满足他们的求知需求。

第三，从文化知识的重要作用来看，首先，其十分有利于完善人格，高校教师在掌握了充足的文化知识之后，能够提高自身的道德认识与觉悟，进而提高识别善恶美丑的能力，正确看待自己的职业、岗位，理性对待地位、荣誉等；其次，高校教师获得广博的文化知识后，能够根据各行各业的实际变化发展情况，及时地、有针对性地调整自己的教学内容、教学方法。

（五）具有良好的职业道德

教师职业道德是指教师对社会和受教育者所承担的道德责任和义务。它是一种强有力的教育因素和教育手段。作为一名高校教师，一般应当具备以下几个方面的职业道德素质。

1. 坚持正确的办学方向

高校教师需要不断学习国家的方针政策，自觉遵守各项关于教育、教师的法律法规。同时，还要全面贯彻教育思想，实施全面教育、素质教育，让学生在德智体美劳等各个方面得到发展。

2. 爱岗敬业

爱岗敬业是指高校的教师应当热爱教育这一项事业，热爱自己所从事的具体的职业教育岗位。同时，高校教师还要树立正确的教育思想、理念，自觉遵守学校内的规章制度，按时完成教学任务，积极主动地参与到高等教育教学改革当中。

3. 热爱学生

热爱学生是教师对待学生的一个道德要求。高校教师要热爱所有高校生，公平地对待每一名高校生，公正地处理在教育教学活动中出现的各种问题，深入了解每一名高校生的性格与想法，尊重其人格与隐私。

4. 为人师表

教师是学生的榜样，学生会自觉或是不自觉地模仿教师。高校中的教师要在平时的学习、工作以及生活中注意自己的风度仪表，要充分发挥其自身的榜样作用。同时，教师自身也要加强人格修养，展现一个良好的教师形象，做到严于律己、宽以待人，保持优良的作风，在岗位上无私奉献。

5. 钻研教学

一位合格的高校教师还应当具备钻研教学的精神。这种精神需要教师一方面努力树立终身学习的思想，不断改进自己的教学方法，逐渐形成具有特色的教学风格，提高教学质量；另一方面要积极探索教学规律，了解前沿教学信息，掌握现代教学科技手段。

6. 团结合作

高校教师不仅要面对学生这一群体，还要面对教师、领导、企业管理者等多方人员。因此，其需要有开阔的胸襟，尊重其他人员，在学校的各项工作中相互学习、帮助，正确理解、处理竞争与合作的关系，拥有较强的集体荣誉感，提高与他人沟通、交流、合作的能力。

（六）具有全面的教学能力

高校教师应当具备以下几方面的教学能力。

1. 语言表达能力

首先，高校教师必须根据国家发布的《普通话水平测试等级标准》，达到规定的二级甲等水平及以上。

其次，教师在教学过程中，应当做到吐字清楚，意思表达明确，语言富有情感、流畅，具有逻辑性、科学性。

2. 组织管理能力

高校教师不仅要有组织管理课堂、教学工作的能力，还要具备组织和指导学生进行一些课外活动的能力。教师要了解课外活动的内容、形式，能正常组织学生开展课外见习、实习活动,有独立设计、研究相关活动方案的能力。

3.教学科研与评价能力

高校教师的教学科研能力是指教师了解教学研究的特征、过程以及方法,具备选择教学研究选题和设计的能力,并且能够按照实际教学工作中所出现的问题,展开对策研究。教学评价能力是指教师充分了解高校教学评价的对象、方式方法、作用等,掌握教学评价的基本原则、规定,能够有效地开展教学评价。

4.现代教学媒体应用能力

当前阶段,为了适应时代的发展和教学的变革,高校教师也应当具备现代教学媒体的相关知识,掌握现代教学媒体的具体操作技术,有一定的电教教材编写能力。

六、高校教师管理对教师提出的任务要求

对于一位高校教师来说,其应当承担以下一些工作任务。

(一)努力让学生具有扎实的文化课基础

长期以来,人类社会所累积的社会精神财富,诸如道德思想、风俗习惯、文化科学知识、哲学理念等,之所以能够代代相传,并且继承发展,在很大程度上是依靠教师来完成的。教师对人类文明的延续和再创造起着纽带和桥梁的重要作用。伴随着社会的不断发展,科技的日新月异,文化知识的增多,教师的这种作用就显得更为重要。因此,教师的一项基本工作,就是为学生奠定扎实的文化课基础。我国高等教育的教师亦是如此。

高校教师为学生奠定扎实的文化课基础主要是通过以下几项具体任务来进行的:

第一,通过传播文化知识,培养高校学生的道德品质、思想觉悟。

第二,对学生进行法制教育、爱国教育,让学生树立正确的世界观、人生观、价值观,引导学生的性格、意志、习惯等向健康良好的方向发展。

第三,在各项教育活动中注意开发高校生的智力,培养高校生的身心素质等。

(二)努力培养学生良好的职业道德

职业道德是指从事一定职业的人在履行职责过程中所要遵循的基本准则和道德规范。具备良好的职业道德不仅是一位职业人员的基本义务,还是该职业人员从事某特定职业行为所必须遵守的道德规范。职业道德不仅仅体现为外在的规范,

同时也是影响着从业人员的职业态度、职业习惯的一大精神支柱，更是从业人员热爱本职岗位的动力源泉。一个具有艰苦奋斗、团结合作、无私奉献等良好职业道德的从业人员，往往能够在工作中将自己的职业技能发挥到极致，从而产生巨大的创造能力；而一个没有职业道德的从业人员，即使具备了极高的职业技能，也难以得到有效的发挥。此外，具备良好的职业道德还有利于从业人员克服陈旧的传统观念、提高自身的工作热情、明确生产劳动的作用与地位等。

高校学生绝大多数还没毕业或是一毕业就进入了正式的工作岗位。因此，良好的职业道德必须尽早得到培养。这就充分要求高校的教师在培养学生专业知识和技能的同时，要充分肩负起培养学生职业道德这项重要任务。

（三）为学生传授丰富的专业技术知识

专业技术知识是以社会生产实践与科学规律相互结合而最终形成的。其包含了具体的生产方法、生产过程、生产条件、生产标准、生产环境以及生产规范等，并且是人们所从事职业的必备专门知识体系内容。在实际的工作环境中，一个人的专业技术知识的多寡，决定着其工作质量、工作效率。专业技术知识主要具有以下一些特点及作用：

第一，专业技术知识首先来源于实践，是对经验的总结与归纳。这一知识能让工作者的行为更加适应经济的需要与发展。尤其是对以经营、服务、管理为工作内容的职业而言，其领域的专业技术知识已然成为直接关系到工作效果的关键因素。另外，专业技术知识也可以说是来源于科学的理论和实验的结果。掌握它能够更加深刻地认识、理解相关技术领域的客观原理，形成遵循客观规律的工作态度，从而提高工作效率。

第二，专业技术知识本身具有科学性特点。这一特点能够让学生在学习的过程中逐渐形成一种科学的精神与态度，从而培养他们的创新意识和创新能力。

作为高校教师，给学生传授丰富的专业技术知识无疑是一项非常重要的任务。学生能够对专业技术掌握得越牢固、准确，那么其在未来的行业领域中也就越规范、娴熟。

（四）努力培养学生专门的职业能力

专门的职业能力是圆满完成某一职业活动的一项基本条件。对于从业人员来说，具备专门的职业能力不但能够快速、准确地解决实际出现的问题，还能进一步提高其在本行业当中的职业形象与声誉。在当今社会、科技快速发展的背景之下，要想在市场职业竞争中建立优势，就必须熟练掌握专门的职业能力。对于高校的学生来说，这一能力更为至关重要。这就需要教师必须将培养学生专门的职业能力作为一项基本任务。

（五）积极开展教学研究

开展教学研究能够使教师筛选出相关的教学信息，进行教学实践的检验，然后逐渐形成明确的研究对象，进而举出例子加以说明、比较、描述等，最终总结归纳出教学经验。教师将总结归纳出的教学经验应用于实践教学中，便是实现了教学理论与教学实践的交叉与融合。这又能够帮助教师形成特有的职业素质，准确地把握不同学生的特点，进而因材施教，更加有效地开展教学工作。此外，有效的教学研究，还能够帮助教师改进教学方法、更新教学理念，了解最新的教育研究动态，提高综合的教学质量。因此，高校教师应当重视教学研究，并将其作为一项重要的任务来进行。

（六）进行就业指导

在市场经济体制下，我国主要实行双向选择的人才流动机制。用人单位可按照自身实际的生产需要、发展需要，自主地选择劳动者；同时，劳动者也可按照自己的兴趣爱好或能力，在符合国家政策的前提下自主选择从事的行业、领域。在这种政策背景下，高校教师就非常有必要对高校学生进行就业指导。

就业指导其实是一项科学性、系统性的工程。其主要是为了让学生树立正确的职业观，加深学生对于自己本专业的认识和理解，指导学生从实际出发选择适合自己的岗位，充分发挥自己的优势。其需要按照学生本身的特点和社会用人单位的实际需要，做好学生、学校、用人单位三者之间的沟通。

第二节　完善高校教师薪酬体系

一、高校的薪酬理念

高校的薪酬理念包括以下两种。

（1）人力资本投资理论的薪酬理念。从人力资本的角度来看薪酬问题，认为教职工所付出的劳动是其人力资本的贡献，而教职工所获得薪酬收入是人力资本的收益，并且这种收益的多少取决于人力资本和货币资本的博弈。基于人力资本投资理论的薪酬理念也已成为一种重要趋势。

（2）公平理论的薪酬理念。公平理论认为，教职工首先会思考其收入与付出的比率，然后将自己的收入付出比与其他相关教职工的收入付出比进行横向比较，或者与自己过去的收入付出比进行纵向比较。

二、高校教师薪酬体系管理的基本原则

高校教师薪酬体系主要是在传递一种信息给教职工，同时也是高校价值观的体现。信息是告诉他们高校对于教职工的行为和结果比较重视，教职工的薪酬和教职工的行为和结果都有着密不可分的关系，教职工的发展和进步都和薪酬的高低有关。因此，在高校教师薪酬体系管理时应该注意下面的原则。

（1）对外具有竞争力原则。支付符合劳动力市场水平的薪酬，确保本校的薪酬水平与其他高校相比较时，至少要与其他高校的薪酬水平旗鼓相当。如果薪酬太低，对于有能力的青年教师，他们就会对其熟悉的同学、朋友在类似机构的薪酬进行对比，从而萌发先干着，后跳槽的心态。这样既会产生优秀人才有外流的倾向，又难以打造高素质的教师队伍。因此，在对于高校的薪酬设计方面更应该讲究竞争力。

（2）对内具有公正性原则。支付相当于教职工岗位价值的薪酬。在高校内部，不同岗位的薪酬水平应当与这些岗位对高校的贡献相一致，而不是出现"偏科"的现象。比如说，高校人员从整体分为教学人员和行政人员。当然教学人员是高校的主体或者是重心，但是薪酬应当对岗不对人。不能因为教学人员是主体，学校给的工资就高，或者将更多的奖励偏向于教学人员，而忽视了行政人员的服务和后勤的作用。这种重教学轻行政的做法将直接影响教职工的积极性。因此，内部的薪酬设计需要讲究公正性。

（3）对教职工具有激励性原则。适当地拉开教职工之间的薪酬差距。前面提到薪酬的偿付更应当以教职工的实际贡献为基础。因为高校教师的薪酬，对于基本工资是固定的，由财政拨付；而可变工资一般指的是绩效工资。对于这部分的工资，需要适当拉开薪酬的差距，使不同业绩的教职工能在心理上觉察到这个差距。比如说，教学人员，助教上一节课50元，而讲师上一节课80元，副教授上一节课180元。在讲师和副教授之间拉大课时支付费用。显然，能够激励教师对职称的渴望和追求，从而塑造高校优秀教师的队伍。

三、高校教师薪酬管理现状

（一）基本工资

高校教师的基本工资来自国家规定的工资及各种政策性的补贴，按照国家统一规定的标准享受，基本是固定的，且其在教师薪酬中所占比例也并不大，因此，在本书中，这一部分将不作详细讨论。

（二）可变工资

在高校薪酬中，可变工资包括岗位津贴、课时津贴与科研成果奖金。

（1）岗位津贴。岗位津贴制度，是指在实施岗位聘任的前提下，按岗位确定津贴，按绩效调整津贴的制度。目前，岗位津贴已经成为高校教师的主要收入来源，几乎占到其收入的 30%～40%。

高校岗位津贴制度的设计流程图如图 4-1 所示。

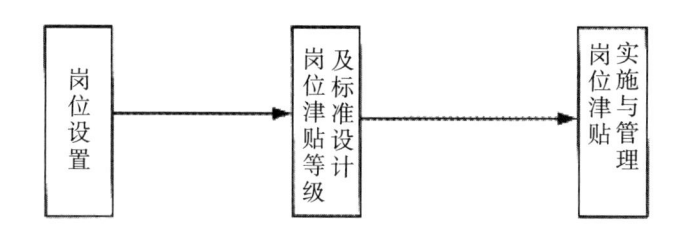

岗位设置 → 岗位津贴等级及标准设计 → 岗位津贴实施与管理

图 4-1 岗位津贴制度设计流程图

（2）课时津贴与科研成果奖金。课时津贴是指针对年度考核合格，并超额完成课堂教学的教师发放的薪酬；而科研成果奖金则针对完成高质量科研任务、承担重大科研项目并结项或科研成果突出的教师发放。

（三）福利

高校的全体在编教职工都能享受到学校依照法律法规所提供的法定福利，即五险一金：养老保险、失业保险、医疗保险、工伤保险、生育保险以及住房公积金。此外，学校还会给教师提供各种补充福利，如带薪休假、补充医疗保险、老教职工药费补助、遗属补助、子女教育等。综合而言，高校教师所享受的福利类型较为丰富，能极大地提高教师的满意度，但其在国内高校教师的薪酬中所占比例却并不大，因而尽管能起到一定的保障作用，激励效果仍然不够明显。

四、高校教师薪酬体系设计

本部分借鉴企业的薪酬体系设计，来对高校的薪酬体系设计进行探索。一般来说，基本工资、可变工资及福利这三个部分是薪酬体系的核心。教职工的基本工资是组织单位在固定的周期内给予教职工的固定报酬。基本工资包括以职位为基础的工资和以能力为基础的工资这两个部分，主要是用来反映教职工职位和能力价值的薪酬。奖金、津贴及加班费等都属于可变工资，而可变工资都与教职工绩效有着密切的关联。它可分为绩效工资计划和激励工资计划，教职工的个人业绩和团队业绩都会是可变工资的重要依据。福利也是薪酬中的重要组成部分，它指的是高校向教职工提供的除工资、奖金以外的各种保障计划、补贴、服务以及实物报酬。所以，在这里我们还是以薪酬构成的主要部分即基本工资、可变工资和福利为基础，来进一步阐述薪酬体系设计涵盖的内容，即基本工资体系、可变工资体系和福利体系。

（一）基本工资体系

（1）基于职位的基本工资体系。设计的假定前提就是教职工对组织的价值和贡献，主要体现为职务价值，即教职工对工作职责的承担和工作内容的完成，决定了教职工对组织价值所做的贡献。因此可以依据教职工所承担的职位职责的大小、工作内容的复杂程度、工作难度、完成工作职责所需要具备的任职资格高低等因素来进行职位价值评价，并根据职位的相对价值来确定教职工的工资。而只有先弄清了职位要做什么以及需要什么样的人来做，才能对其进行评价。要弄清这些问题，则需要先进行职位分析。另外，虽然职位评价解决了基本工资体系的内部公平性问题，然而这还远远不够，因此还要通过市场薪酬调查来保证基本工资体系的外部竞争性。那么，基于职位的基本工资体系设计流程如图 4-2 所示。

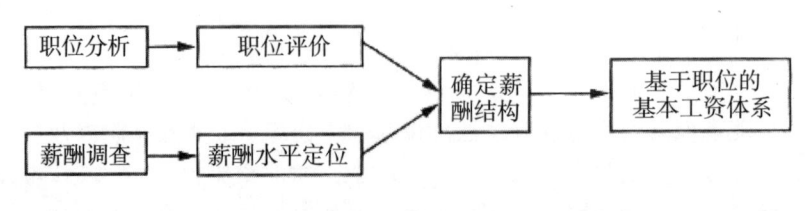

图 4-2　基于职位的基本工资体系设计流程

（2）基于能力的基本工资体系。假设前提是，教职工所拥有的能力能够预测其未来的绩效。因此，通过对教职工所拥有的与高校战略相适应的能力付酬来激发教职工的潜力，实现组织战略。基于能力的基本工资体系设计流程，如图4-3所示。

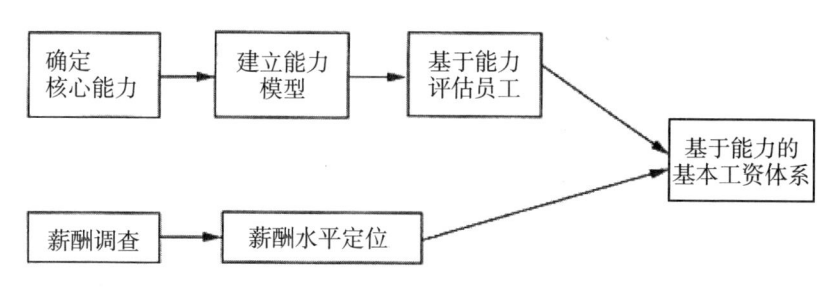

图 4-3　基于能力的基本工资体系设计流程

（二）可变工资体系

可变工资包括奖金、津贴、加班费等。津贴与加班费都比较简单与直观，这里将主要介绍奖金。奖金又分为绩效工资计划与激励工资计划。

（1）绩效工资计划。绩效工资计划是针对教职工的绩效完成情况而进行的奖励。它包括业绩工资（也叫绩效加薪）、一次性奖励与个人特殊奖励。业绩工资是指根据教职工的绩效评价结果对其奖励，不过奖励部分将加入教职工的基本工资中，成为基本工资的一部分。业绩工资具有很强的累加性，会增加基本工资的基数，造成工资支付成本的上升。一次性奖励是指教职工在年终依据个人或团体绩效而得到的奖励，并不计入基本工资。也就是说，业绩工资与一次性奖励的不同之处在于，业绩工资是根据教职工的年度绩效评价结果而确定的对基本工资的增加部分，而一次性奖励并不成为基本工资永久性的增加部分。正是由于一次性奖励能有效控制工资成本，因而已经开始渐渐取代了业绩工资。个人特殊奖励则是指对那些在某些特殊项目上表现突出或那些绩效超出期望的教职工授予的特殊奖励。

（2）激励工资计划。激励工资计划是指通过将教职工个人或团体的绩效与制定的目标相比较来进行奖励的计划。激励工资计划按对象分可分为个人激励计划与团体激励计划。所谓个人激励计划，顾名思义，就是指针对教职工个人的工作绩效提供奖励，它包括计件工资、生产奖金与佣金等形式。团队激励计划则是针对团队工作绩效的奖励计划。随着工作越来越要求团队合作，针对团队的激励计划也越来越受到重视。

（三）福利体系

福利与工资的不同之处在于，福利与个人工作业绩没有直接挂钩。福利通常以非货币形式来支付，且福利一般不用纳税。因此，在一定程度上对教师发展有着特殊的意义。高校的财政不仅要为教职工支付日常的工资，而且还要为教职工工作和生活提供一定的福利，以吸引和激励教职工安心、稳定地在高校工作和生活。福利体系主要涵盖四大方面的内容。

（1）福利补贴。高校福利补贴主要包括：生活困难补贴、交通费补贴、取暖补贴等。生活困难补贴主要针对高校中一些薪酬相对较少、生活负担过重、供养人口较多，难以维持当地最低生活水平的工作人员和遭遇意外事件而造成生活困难的工作人员，所给予的一般性生活困难补助。交通费补贴根据情况分为两种：一是通常上下班时的交通费用补贴；二是因公事到外地出差时的交通费用补贴。取暖补贴当然就是针对秦岭—淮河以北地区及以南地区个别海拔较高、气候寒冷的自治区、县等的工作人员给予的补贴。

（2）探亲与休假制度。高校教职工属于我国现行公共部门工作人员的范畴，高校教职工享有探望配偶与父母的待遇。还包括病假、产假、婚假、探亲假等政府明文规定的福利制度。

（3）福利设施。福利设施主要是对教职工日常的吃、住、玩等提供便利的场所。首先，教职工食堂。食堂不以营利为目的，而是主要实行收支差额补贴，为教职工的一日三餐提供保障。其次，教职工住房。修建单身集体宿舍以及给予购租房补贴等。最后，集体文化娱乐设施。主要包括图书馆、多功能体育馆。

（4）社会保险。高校所购买的保险类型主要就是"五险一金"。"五险"指的就是养老保险、工伤保险、失业保险、医疗保险和生育保险。"一金"指的就是住房公积金。

第三节　建立健全激励机制

高校的发展主要依靠教师的教学科研活动，教师个性化的劳动凝结了较高的智力和创造性，这是物质资本所不能代替的。由于教师人力资本具有更广泛、更主动的平台选择性，面对新时代高校与教师双向选择机制，单纯依靠行政手段已经很难阻止骨干教师的流失，因此，必须采取有效措施防范高校教师人力资本的投资风险。通过建立科学灵活的激励机制，让教师人力资本有用武之地，有成就感和获得感，对于调动教师积极性，发挥其作用意义十分重大。

一、建立并不断完善激励机制

激励机制的建立就是要协调教师、管理者、投资方之间的目标不一致和利益冲突，并最终解决高校发展动力问题。事实表明，高校采取积极措施，出台激励政策，为更多优秀人才创造人力资本发挥作用的机会，不仅有利于吸引和留住青年骨干教师，让他们看到未来的希望和发展空间，而且，教师人力资本提升贡献率还会给高校自身和社会带来积极的影响。

越来越多的高校管理层正逐渐认识到，高校教师不应该仅仅被当作普通管理对象，服从刚性管理之下的约束。教师人力资本既然是一种资本，就应该在地位和经济收益上给予其一种公平的对待。

二、灵活运用不同的激励手段

（一）现期激励

现期激励是指高校马上就能够为完成人力资本增值预期目标的教师所提供的各项激励总和。现期激励体现的是校方前期为激励教师人力资本积累和增值并据此带来更多效益所做出的承诺。一般的，现期激励的形式有以下两种：

其一是物质激励。物质激励是指运用物质的手段使受激励者得到物质上的满足，从而进一步调动其积极性、主动性和创造性，包括加薪、重奖、福利、期权等。由于高校的薪酬和待遇由学校自定，高薪和高福利可以作为留住人才、激励优秀人才的重要手段之一。学校对优质人力资本持有者的物质激励越有吸引力，在社会上和人才市场中，才越可能招聘到优质教师。例如，可以考虑给骨干教师提供特殊津贴、专项科研经费等。

其二是精神激励。精神激励即内在激励，是指精神方面的无形激励。对于人力资本实现增值的教师，他们不仅获得了更多的知识，提升了业务水平和能力，有可能承担并完成更多的学术研究任务，从而评定高一级的职称、获得更多经济收入和补贴等，学校还可以为教师提供精神激励，包括可能获得更好的社会荣誉、获得更多机会和发展空间等非经济方面的收益，如授予荣誉称号、举行隆重的表彰仪式、安排学术假期、定期疗养等。

（二）预期激励

预期激励是指高校能够为教师人力资本的进一步发展所提供的未来收益的内容。预期激励常见的有如下两种形式：

其一是根据教师业绩的表现和贡献，承诺在职位、职称以及相应补贴、薪酬待遇上做出相应调整。

其二是承诺为教师将来在发展机会、荣誉表彰、职务升迁等方面做出安排。

其实，针对高素质骨干教师个人提升能力的需求，为其提供专业的、针对性强的教育、培训、交流等也是一种很好的预期激励。

无论是现期激励还是预期激励，有一点最为值得注意，即激励的程度要与人力资本贡献率成正比。否则，在重复博弈中，教师有可能放弃人力资本的付出。

（三）根据需求层次的激励

依据马斯洛的需求层次理论，高校教师除了满足基本生理需求，还会有安全的需求，如确保一份稳定的薪酬来保障正常的生活水平和人身的健康安全。但是，当这些需求得到满足后，还会有更高的需求出现，如社交的需求、尊重的需求、自我价值实现的需求。显然，要留住骨干教师，就要根据教师所处需求满足的不同阶段提供相应的激励，特别是如何满足最高一级的自我价值实现的需求，更应当引起学校的高度重视。

高校要加大分配制度改革力度。绩效工资、绩效奖励、绩效福利、年终红利等都是为了能够最大潜力地挖掘教师人力资本，为其创造更大的价值而服务。高校要切实贯彻"多劳多得、优劳优酬"的分配原则，根据教学科研成果复杂程度和对学校贡献的大小，合理拉开分配差距，鼓励和支持教师立足本职工作多做贡献。要采取非常措施，加大力度奖励做出突出贡献的骨干教师和学科带头人。建立特殊岗位津贴和基础科研津贴等符合高校特点的岗位津贴制度，吸引和稳定优秀拔尖人才。如对获得博士学位的教师给予博士学位津贴或提高一级待遇作为鼓励。

（四）期望激励

根据维克托·弗鲁姆的期望理论，个人积极性的产生、发展和变化受到个人内外多种因素的影响。无论是个人人力资本投资意愿，还是提高人力资本为学校发展的贡献率，原动力都产生于个人需求预期目标实现的概率和获得效用的价值高低。如果目标实现的可能性很大，实现后获得的效用价值也很高，就会引发人的积极性,为实现预期目标愿意付出努力。如果虽然目标实现的可能性很大,但实现后获得的效用价值却很低,或者是尽管目标实现后可获得的效用价值很高,但目标实现的可能性却很小,这两种情况都不会有效调动起人的积极性。因此,如何把握和提高教师需求期望的效用值与实现概率,是高效率实现教师人力资本投资的关键所在。

(五)双因素激励

美国心理学家赫茨伯格提出的双因素理论又称激励—保健理论,为实施教师管理的激励手段提供了新的思路和方法。

在高校,完全可以实施类似的激励机制。例如,高校需要改变过去那种仅通过提高薪金、岗位津贴,改善工作条件等方式激励教师的做法,可以采取"保健因素+激励因素"双管齐下的新策略,通过制定必要的考核指标,并将其作为激励因素兑现的依据,这样做不仅能充分调动起教师的积极性和主动性,也可使教师个人价值得以实现,个人福利得以增长。与此同时,校方的利益也能实现,各项工作可达到有效性和高效率的目标。高校科研绩效的报酬分为两部分:一是基本报酬和补贴部分,这部分相对固定,以保证教师能有基本的工作投入状态;二是激励部分,通过建立科学的绩效考评制度,对教师实施年度绩效奖金奖励制度,奖励数额获得多少取决于事先确定好的一些重要指标完成情况,如学评教综合排名、教学事故率、教学课时、教学成果和科研成果等。

为了吸引和留住高校中的优质人力资本,除了需要向他们提供更高的报酬外,还要使他们享有一系列的福利。将学校优质人力资本的精力损耗作为高校的隐性成本加以考虑,无疑是符合高校利益的明智之举。教师具有健康的身体和旺盛的精力有利于教师保持良好的工作状态,使其能力提高,单位时间的效率增大,进而大大提高工作质量。而健康状况的改善和平均寿命的延长,不仅可以提高生命的价值,而且可以明显地提高教师人力资本的价值,使人们从较长的寿命中得到实质性的满足。

第四节 加强高校教师的职称管理

教师职称是依据教师的教学业务能力和学术水平以及其他工作情况而授予教师的称号。它是教师任职资格的一个重要标志。由于它涉及教师的职业荣誉与职业利益,是教师的目标与动力所在,是教师职业生涯发展的重要通道,因此,教师职称管理也是高校教师管理中的一个重要组成部分。管理得当，必然有利于调动教师的积极性，强化高校的师资队伍。

一、高校教师的职称评定制度

1986年1月，我国召开的全国职务改革工作会议正式决定改变以往的职称评定制度，同时实行专业技术职务聘任制。在这一年，国务院职称改革领导小组还专门颁布了《高等学校教师职务试行条例》。该文件十分明确地规定："高等学校教师职务是根据学校所承担的教学、科学研究等任务设置的工作岗位。教师职务设助教、讲师、副教授、教授。各级职务实行聘任制或任命制，并有明确的职责、任职条件和任期。"这里的职务与职称是可以等同的，有职称就有相应的职务；职务任职资格的评审也就是职称的评定。

二、高校教师的职称评定标准

根据我国《高等学校教师职务试行条例》中的规定及其他相关规定，各级高校教师职称所包括的学历、资历、能力等，有相应的具体标准要求，具体如下。

（一）助教

考核获取助教职称，需满足以下学历、资历条件：研究生班毕业、获得硕士学位，或者获得学士学位且从事本专业工作一年以上。

（二）讲师

（1）考核获取讲师职称，需满足以下学历、资历条件：获得博士学位，或者获得硕士学位且从事本专业工作三年以上。

（2）晋升讲师职称，需满足以下学历、资历条件：获得硕士学位的，应担任助教职务两年以上；获得研究生班毕业证书或双学士学位证书的，应担任助教职务三年以上；获得第二学士学位的，则应担任助教职务四年以上；没有获得学士学位的，则应担任助教职务五年以上。

（3）讲师需满足的素质条件是：掌握本专业所必备的知识，有一定的科研能力，且思想、观点正确，教学效果优良，善于教书育人。

（三）副教授

（1）晋升副教授职称，需满足以下学历、资历条件：没有硕士学位，须担任讲师职务六年以上；获得硕士学位且担任讲师职务五年以上；获得博士学位且担任讲师职务两年以上。

（2）副教授职称需满足的素质条件是：对本门学科具有系统而扎实的理论基础，能够及时了解、掌握本学科前沿的状况，并熟练地掌握一门外语；教学成绩显著，能较好地对学生进行启发式教学，善于结合教学工作对学生进行专业思想教育；具有指导青年教师和硕士研究生的能力。

（3）评副教授职称还须发表过质量较高的科学论文或出版过有价值的著作、教科书；或在教学研究方面有较高造诣；或在实验及其他科学技术工作方面有较大的贡献。

（四）教授

（1）晋升教授职称，需满足以下学历、资历条件：获得博士学位且担任副教授职务五年以上；获得硕士学位且担任副教授职务七年以上；获得硕士学位五年以上（含五年）且担任副教授职务五年以上；大学普通班以及"文化大革命"之前入学的大专毕业生，后取得学士学位的，应担任副教授七年以上（含七年），或者取得硕士学位，应担任副教授五年以上（含五年）；普通本科毕业的，应当担任副教授职务七年以上。

（2）教授职称需满足的素质条件是：对本学科具有广博、扎实的理论基础和专业基础，能够及时了解、掌握本门学科国内外发展的前沿动态，并在本学科中享有一定的声誉，形成了独到的教育思想和教学艺术特点；教学成绩卓著，并在教学管理或科学研究管理方面具有组织领导能力；具有指导青年教师、指导硕士研究生和博士生的能力；具有提出本专业研究方向或者开拓新领域的能力。

（3）评教授职称还须主持或者直接指导完成过具有重大学术技术意义的研究课题、攻关项目；公开发表过具有国际水平或者国内领先水平的学术论文，或者公开出版过有较高学术价值、富有创新的论著，或有重大的创造发明。

三、高校教师职称管理策略

高校教师职称管理中的核心工作就是职称评定工作。因此，高校必须重视这一工作，应采取有效的策略来进行科学的职称管理。

（一）建立健全的职称评定制度

受各种因素的影响，我国现行的职称评定制度还不完善，还存在着一定的缺陷。因此，高校管理者应通过深入细致的实际调查研究工作，制定出更为科学、合理的教师评定制度。一般来说，高校应设置教育教学工作的评价制度、教师专业技术岗位设置制度、教师申报职评的标准与条件制度、教师专业技术职务考核制度、教师职务待遇制度、教师职务聘任制度、教师评审工作制度等与职称评定相关的制度，并根据现实情况与国家政策不断做出调整与完善。同时，管理者也要正确、认真地去贯彻执行。

（二）正确看待教师的职称晋升

高校开展教师职称评定工作，主要是为了激发教师的工作进取心，激发教师的工作热情。因此，管理者应当积极做好宣传工作，引导教师，使其认识到晋升职称不是为了争名夺利，而是为了形成积极向上的进取精神。具体来说，高校管理者面对被评聘上更高一级职称的教师，要由衷地祝贺；面对已经申报、因条件尚不够而未通过的教师，则要多加安慰与勉励；面对一些职称较低却安于现状、完全不思进取的教师，要及时进行训示和提供必要的帮助。

（三）坚持评审的公正、客观原则

高校管理者不仅要完善教师职称评定制度，还要公正、公平、公开、民主地做好教师职称评定工作。只有使教师职称评审工作开展得有理有据、公平合理，才会使那些评到高一级别职称的教师产生自豪感，激发积极性，增加对工作的投入，才会使那些没有被评上的教师真心服气，继而不懈努力，争取做出更好的业绩，以便尽早被评上高一级的职称。

（四）正确处理教师职称评定中的几种关系

高校教师职称评定工作需要考虑的内容有很多，其中，教师的教书与育人、学历与资历、教学与科研，这几对关系是需要特别重视的，应做好相应的处理。

（1）处理好教书与育人的关系。

在评审工作中，管理者要同时看重教师的教学能力和育人能力，不能顾此失彼。

（2）处理好学历与资历的关系。

学历是教师受教育的经历，表明了其文化程度；而资历是教师从事教育教学工作的资格与工作经历。当前的教师职称评定工作中，经常出现教师学历较低但资历较深，或者是教师学历较高但资历较浅的现象。面对这种现象，高校必须做到既重视学历又不唯学历；既重视资历经验又不论资排辈。也就是说，要遵守相关文件的规定，但也要相对灵活。如果一些教师不具备规定的学历，但确实有真才实学，有较大的教学与科研成就，那么可破格参与职称评聘；如果一些教师资历不够，但确实有令人信服的实践经验，且有突出的成绩，那么也可以破格晋升。

（3）处理好教学与科研的关系。

教学与科研是教师职称评定中的核心内容。但是在现实中，往往会出现教师教学能力优秀，科研能力却一般，或者是教师的科研能力优秀，教学能力却一般的现象。面对这种现象，高校管理者要进行辩证分析，具体情况具体对待。

第五节　高校教师的考核与培训

一、高校教师的考核

在高校教师管理中，教师考核也是一项经常性、基础性的工作。实施高校教师考核，主要是为了对高校教师工作的水平、能力、态度和成绩等进行全面的考察与评判，从而为教师的安排任用、调整工资、职称升迁和进修提高等提供正确、客观、完备的材料和可靠的依据。

（一）高校教师考核的原则

高校教师考核是一件非常复杂和费力的事情。要想保证高校教师考核的科学性和有效性，就必须遵循考核过程中的"三公"原则。所谓"三公"原则，即条件公开原则、考核公正原则和奖惩公平原则。

1. 条件公开原则

条件公开原则是指高校教师考核管理者在考核过程中要明确考核的内容和标准，并向全校公开。这是保证公平竞争和公正考核的一个重要原则。贯彻这一原则，高校教师考核管理者需要具体做到以下两个方面：

第一，制定与考核配套的规章制度。目标是教师考核工作的导向，而规章制度是考核工作有效进行的保障。因此，高校教师考核在明确目标、考核内容及标准的基础上，应当制定与之配套的、科学可行的规章制度，将考核与执行规章制度有机结合起来，保证考核工作顺利进行。毫无疑问，此规章制度也要公之于众，让每一名教师都清楚地知道。

第二，制定科学的考核内容和考核标准。高校教师考核管理者在确定具体的考核内容和标准时，既要符合相关规定又要切合实际。这就要做到以下两点：一是将上级教育行政部门颁发的考核方案和其他考核文件作为学校进行教师考核的重要依据；二是根据各校的具体情况制定适合本校特点的更为具体、可行的考核内容和标准。

需要注意的是，考核内容和标准并不是一定的，随着教师队伍素质的逐步提高，教师对考核工作的心理承受能力不断增强，指标设置可逐步由粗到细，考核标准也可逐步提高，直至达到考核工作规范化、制度化、科学化的要求。当然，考核内容和标准经教师广泛讨论，形成共识后要在全体教师中公布。

2.考核公正原则

公正往往与教师的满意度紧密相连。令教师满意的考核结果往往较为公正，能激发教师工作的积极性，反之就会让教师觉得受到了不公平的待遇，从而产生消极的行为，如发牢骚、泄怨气、制造人际矛盾、拖拉敷衍工作等。因此，高校教师考核必须遵循考核公正原则。在高校教师考核过程中，贯彻考核公正原则需要注意以下几个方面：

第一，构建完善的考核运行系统。高校在制定出科学合理的考核方案后，还应该培养一支精干、高效的考核队伍，并构建合理的考核运行系统。这就需要学校在确定本校教师考核工作总体目标和任务以后，将目标和任务按照不同的性质进行分解，落实到各职能部门，使各部门在学校的统一部署和协调下，各司其职，分类分层进行考核。

在考核结束后，考核领导小组应对考核结果进行综合平衡、审查核定。考核的结果要及时反馈给教师本人并征求本人意见，考核结果要及时公布，坦然接受大家的监督与评议。

第二，教师考核与严格学校常规管理相结合。高校教师管理是高校管理的一个重要环节。在这一环节中，为了促进教师考核的公正性，理应将教师考核与严格学校常规管理结合起来。这需要管理者一方面严格检查、考核教师执行规章制度和执行岗位职责的情况，不断积累教师工作考核的有关信息，为教师工作的平时考核和阶段考核提供资料；另一方面则在学校日常管理之中引入教师工作考核的科学机制和有效方法，以促进学校常规管理的科学化，提高学校管理质量。

第三，平时考核与阶段考核、全面考核相结合。平时考核是阶段考核的基础，阶段考核是平时考核的综合。因此，要从开学第一天、第一课开始抓起。一方面要求教师自己记载考核信息，为自评积累资料；另一方面学校领导和各有关部门要按照分工要求，根据各部门职能与考核任务，对考核信息及时进行采集、处理、贮存、传输，并对各考核责任部门、责任人的考核信息积累工作提出数量、质量和时间的要求。除抓好平时考核、阶段考核外，学期结束前后，学校还应组织专门力量，对教师进行全面考核。有了平时考核和阶段考核中相关情况的积累，全面考核也就有了依据，考核的可信度也会有所提高。

第四，民主性与权威性相结合。遵循考核公正原则，民主是一个很重要的方面。高校教师考核要民主，就是指在考核教师的活动中要尊重教师和学生的意见，创造让教师参与考核的机会，充分发挥教师在考核中的主体作用。这需要转变传统的教师是被动考核对象的认识，树立合作者与参与者的观念；需要让教师和学生参与考核活动的每一个进程；需要重视教师的自我考核。

考核的民主固然重要，但也不能忽略权威，毕竟教师考核是由校长在内的学校考核领导小组具体领导、组织实施的。因此，要对领导小组成员和考核人员在政治思想和业务水平方面都要作具体要求，并通过制定一系列的相关规章制度，保证考核工作的顺利、有效进行。

3. 奖惩公平原则

要想使考核发挥出自身的最大优势，高校对教师就不能进行单纯的考核，还应将考核的结果与奖惩结合起来，更好地激励教师，提高教师工作的质量，促进教师的真正发展。当然，在重视考核与奖惩的结合的同时，千万不能忽视对奖惩公平原则的坚持。

奖惩是对考核结果给予肯定或否定的评价。奖惩是否得当、是否公平、能否兑现，关系教师管理目标的落实和实现。因此，奖惩应以考核为基础，坚持奖惩公平原则，要特别强调按制定目标规定的奖惩条件进行，保持制度的相对稳定性，言而有信，才能取信于民。根据考核结果，管理者可对绩效上有突出优势的教师、在创造上有突出表现的教师、全勤的教师等进行奖励；可对不改进工作方法、不称职、学生意见强烈的教师，对违反规章制度而造成影响的教师，对敷衍塞责出现事故的教师等进行惩罚。

在坚持奖惩公平的过程中，要注意掌握好奖惩的度，不然出现奖惩过度或奖惩不足的现象，不仅起不到相应的激励作用，还会产生不公平的呼声，影响学校管理的效能。因此，学校要切实做到论功行赏，功不可掩过，过不可盖功。

（二）高校教师考核的内容

根据《中华人民共和国教师法》的规定，教师考核主要包括政治思想、业务水平、工作态度和工作实绩四个方面的内容。根据这一国家标准可以将高校教师考核的内容概括为以下三个方面：

第一，教师工作过程考核。这主要是指考察教师教学过程和科研工作过程中所体现的外显行为。

第二，教师素质考核。这主要是指考察教师的思想政治素质、身体素质、心理素质、文化素质和专业素质。

第三，教师工作绩效考核。这主要是指考察高校教师的教学工作绩效和科研工作绩效。教学工作绩效的主要指标是师德表现、教学工作量和教学质量、教学研究活动及其水平、教学梯队建设与贡献等；科研工作绩效的主要指标是完成科研项目、发表学术论文、编写著作教材、获得成果奖励、取得各种专利、组织参与科研和学术活动等。

（三）高校教师考核的方式

对高校教师进行考核的方式有很多，以下是一些常见的方式。

1. 定性考核与定量考核

定性考核是指对教师工作进行概念上和程度上的价值判断。这种考核方式易于操作，能够了解到被考核教师的整体状况，因而有着较高的效率。

定量考核是指对教师工作进行量化分析和计算，并做出价值判断。量化教师的工作能够使考核的目标更加具体化，从而得出客观、精确的结果。因此，高校教师的定量考核必须受到重视。

定性考核易于操作、效率较高，但容易受考评人员的主观影响，出现不客观、不公正现象；定量考核较为客观、精确，但并非所有的教师工作的成绩都可以量化。因此，在高校教师的考核过程中，应当综合利用这两种方式。

2. 定期考核与不定期考核

定期考核是指高校在规定的某一段时期内对教师进行的考核，如季度业绩考核、年度业绩考核。通常来说，对高校教师进行的考核，一年进行一次较为合理。

不定期考核是指高校因某个目的或需要，在提前没有约定好的时间内对教师进行的考核。例如，评聘教师职称时进行的考核就属于不定期考核。

3. 自我考核与他人考核

自我考核是指教师将自己作为考核主体，依据一定的考核标准，对自身各方面进行的价值考察与评判。这种考核方式能够有效激励教师，使教师自觉认识到自身存在的问题，并努力改进，向目标靠近。

他人考核是指除教师自身之外的任何人或组织（包括学生、同事、领导、专家等）对考核对象进行的考察和评价。在高校中，学生考核是教师考核中的一种重要考核方式。学生与教师接触的时间最长，学生对教师的了解也最直接、最具体、最全面，因而这种考核方式能够比较真实地反映教师的教学水平，具有更高的有效性和稳定性。当然，在实施学生考核时，应当注意解除教师和学生的顾虑，让他们真正了解考核的最终目的，从而使考核客观、公正。

二、高校教师的培训

教师培训是对教师能力的进一步开发，是绩效技术中的一种干预措施。通过培训可以进一步挖掘教师在知识、技能等方面的能力，弥补他们之前在教学观念等方面的不足，提高教师的教学效率。与此同时，培训是在教师接受过学校教育的基础上进行的，是成人接受继续教育的一种途径。

（一）高校教师培训的作用

高校教师培训具有重要作用，概括来说，这些作用主要包括以下几方面。

1. 提高工作绩效

高校教师通过培训获得了新的教育观念、知识和技能，转变了之前落后的教育观念、陈旧的教学方法，提高了其工作积极性和工作熟练度，使高校教师的工作质量和效率提高，从而提高了工作绩效。

2. 提高人力资源的价值

人力资源必须经过一系列的开发才能获得最大价值的使用，如果不持续对其进行挖掘，就会降低价值。培训是对人力资源的一种投资方法，它能有效提升高校教师队伍的价值，使高校教师队伍保持活力，形成高素质的教师队伍。

3. 提升校园文化和学校形象

高校对教师进行系统化的培训可以有效规范教师的价值观和道德行为，使他们在提高专业技能水平的同时，受到文化素养教育。这样就逐渐形成了具有良好素质和修养的教师队伍，一方面可以建立起优秀的校园文化；另一方面也使教师体现出学校的优良形象。

4. 增强学校的改革创新能力

系统化的教师培训可以使高校教师学习新的教育观念，以便增强他们对环境的适应能力，推动高校在教育、研究和管理方面的创新。

5.促进学校的和谐发展

高校教师经过培训之后,能够迅速地适应工作,极大地增强了他们的自信心,激发了他们对工作的满腔热情。同时,通过培训,高校教师也能体会到学校对他们的重视和关心,因此,更愿意在自己的工作岗位发光发热。此外,对高校教师进行培训还可以提高和增强他们对学校的满意度和向心力,从而提高学校的和谐度,保持整个高校教师队伍的稳定。

(二)高校教师培训的形式

对于高校教师而言,其培训工作不仅有职前培训,也有职后培训。其中职前培训能够帮助高校教师提升教学基本功,而职后培训能够让高校教师根据自己的职业活动特征领悟到自我成长的深刻本质与内涵。因此,职前培训固然十分重要,但从终身学习的理念来看,职后培训更能促进高校教师的自我导向性学习。从实践情况来看,考虑到工作性质的不同,高校教师培训工作的形式主要包括三类,即基础培训、深化培训和创新培训。

1.基础培训

基础培训主要针对的是担负助教职务和尚未评定助教职务的青年教师,这些教师大多是刚毕业的研究生和本科生,他们由于刚进入高校从事教育工作,对所处的环境和自身能力都缺乏一个较为全面的认识;在思想上没有建立起科学的、系统的为人师表、教书育人的职业意识;在行为上还较为缺乏为学生服务的精神;在知识结构上也尚显不足。因此,需要对他们进行基础培训,培训的内容包括以下几方面:

第一,进行调整知识结构教育,这部分内容主要是在青年教师的专业方向和工作岗位确定了以后才开始进行的。它主要是帮助青年教师补充新知识,使其初步掌握高等教育学、心理学、职业道德等高等教育的规律和方法。

第二,进行政治教育,以便使其能够坚持正确的政治方向,为党的教育事业做出贡献。

第三,进行职业道德教育,以培养青年教师严谨刻苦的工作态度和一丝不苟的工作精神,同时树立良好的职业道德。

当青年教师胜任了基础培训后,其业务水平将会有一定的提高,并能够很快地适应自己的教学岗位,逐渐成为学生爱戴的教师。由于青年教师在工作岗位上取得了一些成绩,这就会在很大程度上对青年教师形成一种无形的激励作用,使其获得成就感和满足感，从而进一步提高自己的教学水平和端正教学态度，进而形成一个良性的教学循环。

2. 深化培训

深化培训的对象主要是取得了中级岗位职务的 30 岁左右的教师，这一时期的高校教师正处于知识和能力上升最快的阶段和开始出成果的阶段。他们不仅开始承担一些教学科研的任务，而且还开始参加研讨班和各种学术会议，能够获得该学科发展的最新信息，因此，对这些高校教师进行培训有助于他们不断提高自己的专业知识、基础理论、科研能力和教学水平。在实践过程中，对高校教师进行深化培训主要是通过继续教育来展开的，它是我国促进高校教师的专业发展，提高高等教育质量的重要途径。在内容上来看，对高校教师进行深化培训需要做好五方面的工作。

第一，加强专业教育。教师能够高效完成教学任务，并获得较高质量的教学效果的基础就是其本身具有的专业水平。因此，高校教师深化培训中不可忽视专业教育这一内容。教师专业教育强调教师要不断学习有关教育方面的各类知识和各种技能，在教学实践中不断积累教育教学经验，从而提高自身的专业水平和综合素质。

第二，提高学历层次和学术水平。当前阶段下，高校教师的学历层次普遍升高、学术水平普遍上升，这是我国高等教育发展的必然趋势，也是必然要求。高学历层次和高学术水平的教师队伍是学校核心竞争力的一部分。因此，在对高校教师进行深化培训时，各个学校应该结合自己的实际情况，合理地制定提升教师队伍整体学历的计划和政策，使教师队伍的学历层次和学术水平可以达到或者超过国家的普遍要求。

第三，培养创新精神和人文精神。教师的创新精神、创新意识和创新能力对于学校的教学有很大影响，具有良好创新意识的教师不只是在科研上更容易取得成就，在教学上也可以创造更加合理的教学模式，用更加理想的方式教学。但是创新精神是很难通过培训获得的，特别是通过统一培训，更难达到目的。因为创新精神的培训本身就需要具备一定的创新性，就需要通过新型的培训模式来组织培训内容。

除了创新精神外，人文精神也是高校教师继续教育应当关注的内容。人文精神是一种普遍的人类自我关怀，表现为对人的尊严、价值、命运的维护、追求和关切等。培养高校教师的人文精神，应当要求教师在教学过程中做到以人为本，关注个体生命，关注学生的需要，关注学生的全面发展，关注学生本身的价值，避免教育陷入功利化的泥潭。

第四，加强信息技术和外语培训。在现代社会，信息化和经济全球化已经是不可逆转的国际趋势，信息化对于学校的教学工作和科研工作也造成了直接的影响，现代化的教育设施和科研设施必定包含着现代信息技术的内容。现代信息技术使人们获取信息的方式和能力产生了非常大的变化。学习和掌握现代信息技术，不仅是我国现代教育的一个重要内容，还是世界各国教育发展的必然需要。对高校教师进行现代信息技术的培训就是为了使高校教师能熟练地利用信息化手段获取需要的信息，提高利用计算机进行辅助教学及处理信息和利用信息的能力，以便于更好地教学和进行科研。

经济全球化的发展必然要求各个学校间，甚至各国的学校间会有更多的交流，特别是随着信息的全球化，学校的教师已经可以通过多种渠道获得更多的外国资料或者外国的教学经验。这就要求教师必须具备较高的外语水平，从而帮助自己提高知识储备和掌握国际先进科学技术及教学的能力，提高对外交流的语言能力。因此，高校教师继续教育中应当把提高教师的外语水平也作为一项重要内容。

第五，加强师德教育。教育的首要目的是培养学生良好的道德品质，这就要求教师本身具有良好的师德。对于教师来说，师德是其全部人文素质的核心内容。因此，加强师德教育是教师继续教育的首要工作。师德教育的主要内容则是培养学校教师热爱教育事业的敬业精神、为人师表的人格魅力。要想培养教师良好的师德，除了依赖于教师自身的自律品质外，还需要学校在对教师的继续教育中有目的地培养他们的师德。针对高校教师的师德教育通常包括以下三方面的内容：

首先，提高教师的思想政治素质和道德修养，引导教师自觉主动地树立正确的人生观念、价值观念，并使他们用这些正确的观念去影响和熏陶学生。

其次，大力弘扬教师职业道德风范，使高校教师成为遵纪守法、勤奋敬业、为人师表的典范。

最后，教育教师以高度的责任感和使命感关心学生的健康成长。教师爱的情感，对于学生的成长，有更加重要的社会意义和价值。事实证明，教师的爱，能使学生产生积极的情绪，从而可以转化为学生接受教育的内部动力。

3.创新培训

创新培训主要针对的是已经取得了高级职称的高校教师群体,这些教师在高等教育的日常事务中均担着教学和科研的双重任务。在内容上,对这些教师群体进行培训需要做好以下几方面的工作:

第一,为他们的科学研究和教学提供物质条件,并鼓励他们出国进修学习。

第二,鼓励他们参加各种国际学术研讨会,在与国外学者交流的过程中获得新的信息和新的知识。

(三)高校教师培训的流程

对高校教师进行培训应根据高等教育师资队伍的现状和学科建设的需要,结合高校教师的培训需求和意向进行分析,这样才能设计出科学合理的培训计划,也才能发挥出培训效果。而要做到这一点,就需要按照科学合理的工作流程开展高校教师培训。具体来看,高校教师培训的流程主要包括以下几方面。

1.确定培训需求

培训需求是建立在绩效分析基础之上的,主要是为了确定高校教师在哪一方面需要培训。相关人员可以根据未来的发展趋势对高校教师培训提出一些建议,这些建议主要是针对高校教师目前存在的差距而提出的,分析高校教师存在差距的原因,最后将分析结论报送培训管理部门或负责人。一般情况下,确定高校教师的培训需求可从以下几个方面入手。

(1)评估高校教师的个人需求。

对个人的培训需求进行评估就是确定哪些高校教师需要培训。评估的内容围绕高校教师个人的工作绩效展开,看其工作绩效与预期的差距到底有多大,根据差距的不同制定相应的培训措施。除此之外,对高校教师个人的评估还包括个体自身的特征(技能、态度、动机等)是否适合培训的相关内容,工作环境是否有利于学习同时又不会干扰工作。

(2)评估高校教师对工作的培训需求。

对高校教师工作需求的评估主要目的是确定有培训需求的岗位和任务。高校教师在教学岗位上所从事的工作活动就是任务。因此,对高校教师教学工作的分析又称为任务分析。任务分析要从了解主要岗位和关键岗位入手,重点应放在能实现学校长远目标和现实目标的任务上。同时还要注意不同类型岗位的任务分析的特点。

2. 编制培训计划

编制培训计划需要考虑培训的时间、地点、内容范围，培训组织和管理的方式，确定受训人员和培训预算等。

3. 进行培训设计

培训设计真正进入了培训的执行阶段，这一阶段的任务主要由培训设计者和培训教师来完成。设计的内容包括培训课程体系规划、培训资源开发，以及每个项目的模块和课程的教学设计。培训设计的方案直接影响到培训效果和成本效益。

4. 实施培训计划

实施培训计划是指在培训计划的引导下，逐步完成培训内容的过程。培训计划的实施主要由培训教师来完成。培训计划实施之后，由该培训项目的管理责任人组织考核和评价。对于表现优秀的学员要给予奖励，对于表现不好的学员要及时给予批评指正。

5. 进行培训反馈与评价

培训反馈与评价是对培训整体工作的总结。其依据是从每个培训项目中收集的反馈与评价信息。具体包括培训教师的考评；培训成果和应用反馈；培训组织管理的考评；培训总结、资源归档等。

（四）我国高校教师培训存在的问题

当前，我国高校教师培训在一些方面还不完善，还存在一些问题，这主要表现为以下几个方面。

1. 过分重视正规学历教育

学历是教师基础理论水平和科学研究能力高低的一个重要标志。通常情况下，高校教师队伍中高学历的教师越多越好，但是也不能过分重视学历。一直以来，我国都对教师学历的提高非常重视。教师学历的提高，意味着教师教学知识水平的提高，这值得重视。但是，过分重视教师的正规学历教育，而忽视了教师教学能力以及专业素养的提高，就会使学历成为一种形式，而难以促进教师专业水平的提高。因此，正规学历教育是继续教育的一个方面，我们不能忽视，但也不能过分重视。

2. 在职培训与职前培训没有很好地联系在一起

我国当前的一些高校教师培训缺乏终身学习的理念，教师在接受了职前培训之后，就很少或是不再进行职业培训，之后只是迫于时代发展的压力而不得不被动学习。这就会使教师缺乏学习的主动性与热情，缺乏对自我发展的认识，不利于教师的专业成长。

3. 培训机制不健全

当前，高校教师培训主要是政府和学校行为，但是政府和学校相应的培训机制还不健全。这主要表现在以下几个方面：

第一，学校和教师对培训的认识欠缺。

第二，各种培训形式还没有制定出配套的管理措施。

第三，培训经费的筹集渠道单一，经费紧张。

第四，培训激励机制缺乏，不能激发教师的积极性。

4. 培训形式单一，内容与实际相脱离

与其他职业相比，教师职业有一个非常重要也非常突出的特点，就是"双专业性"，即教师职业既涉及学科专业，也涉及教育专业。这就要求教师具备的知识要全面，既要有丰富的学科知识，也要有丰富的教育知识。然而，从目前情况来看，我国很多高校教师培训还主要重视教育知识等内容。这就很容易使培训的内容过分强调理论，而和教学实际相分离，难以在教师的教学过程中发挥真正的教育培训作用。

（五）我国高校教师培训的改进策略

针对我国高校教师培训目前存在的各种问题，可以通过以下几个方面的策略对现存的问题进行改进。

1. 树立教师培训的正确观念

高等学校要顺利开展培训活动，首先应当树立起教师培训的正确观念。当领导、管理者、教师都有这种观念后，培训自然受到的阻力就小。

首先，应当让教育行政部门、高校领导充分认识到教师培训工作的重要性和必要性，树立适应时代要求和社会发展需要的教师培训观念。

其次，高校应当通过各种渠道，广泛宣传教师培训的重要性、必要性和紧迫性，使教师充分意识到，培训不仅是教师的权利，而且是教师的义务。

2. 采取灵活的培训时间

高校开展教师培训不能将程序规定得过死，它作为学校日常工作的一部分，可以根据日常工作的具体情况而进行变动或者是适时调整，进而最大限度地方便教师知识的获取以及能力的提升。

3. 确定具有指向性的培训目标

高校教师管理一定要以教师为本，以教师群体以及个人的发展为宗旨，从学校以及教师的实际出发，进而提高教师的教育教学水平以及教育科研能力，提高学校的办学质量与水平。因此，高校教师培训，尤其是校本培训目标要具有指向性。这种指向主要包括以下两个方面：

第一，直接指向学校全体教师，目的是激发教师参与的主动性与热情。

第二，指向学校的教学实际，以学校为主要阵地，立足学校并促进其发展。

此外，高校管理者还应精心制订教师培训计划，既要有长期的培训计划，又要有每学期、每月的行动计划。

4. 选取具有针对性的培训内容

高校教师在职培训的内容要将学校发展以及教师发展的实际需要作为出发点，在内容上充分体现出差异性、实用性以及针对性，将教师培训与教师的实际课堂教学结合起来，促进教师专业水平的真正提高。

5. 注重培训效果的反馈

在高校教师培训过程中，培训者和受训教师都要对每次培训的效果进行评估以及反思，总结培训取得的成绩，发现培训过程中存在的问题以及不足，进而在下次培训中予以纠正。通过评价，对教师的培训感受进行反馈，了解教师培训的效果，进而真正促进教师的教学以及科研能力的提升。

第六节　加强师资队伍建设未来规划与教师专业发展

一、师资队伍建设未来规划

以学科建设为龙头，紧紧围绕学科建设，全面推进综合改革。其中，师资队伍建设是学科建设的核心，全力推进师资队伍建设，建立一支团结乐业、以大局为重，具有良好的师德、家园意识，忠诚于教育教学事业的师资队伍，是当前工作的重中之重。

对于学校人事综合改革，要树立鲜明的选人用人导向，大胆探索人力资源管理办法，合理进行能力素质甄别，把合适的人员配备在合适的岗位上，大胆启用有潜力、有能力、想干事、愿干事的青年人才，避免"论资排辈"，真正形成各显其能、奋勇争先、百花齐放的繁荣态势。尤其要用足、用活绩效"杠杆"，客观评价教职工业绩，奖惩分明、及时兑现，避免"干与不干一个样、干好干坏一个样"。

（一）处理好队伍建设的存量和增量关系

1. 理念

"十三五"末，以积极扩大师资队伍规模为主；"十四五"期间，以提升师资队伍整体质量为主。强化以人为本的理念，以优化评价体系与激励机制为主要手段，构建较为完善的现代人力资源开发体系。

2. 对策

加大师资队伍引进力度，构建多元化、综合性师资队伍引进渠道，着力扩大师资队伍规模。

（二）做好硕博应届毕业生引进工作

按计划招聘引进教师，积极拓宽人才引进渠道，从多渠道、多地、多院校，尤其是211、985重点大学及境外引进专业人才，同时严把用人关，切实使招聘到用人达到最高的人岗匹配度；进一步规范外聘教师聘用及管理工作。

（三）重视高层次人才培养

这里所说的"高层次"仅限于高级职称、博士。要坚持引育并举，以育为主，重点培养一批高学历、高职称人才，重视卓越领导人才和教学名师的培养。除了协助二级学院每年完成选派一定数量的优秀教师、青年干部到国内外学校研修学习外，还可以通过优秀人才支持计划，遴选符合名师工程、百青工程、双师工程的人才，定目标定任务促成长，定薪酬定标准助激励。

二、教师专业发展

（一）教师专业发展的定义

自20世纪80年代以来，教师专业发展的问题得到了学术界和教育实践界的高度重视。教师专业发展成为教师教育的一个核心问题。因为教师教育的质量和水平的高低直接影响着教育事业能否实现健康、持续的发展。

教师专业发展的内容，包括专业精神的发展、专业知识的发展、专业能力的发展、专业自我的发展。另外，教师的现代素质也显得尤为重要。比如，教师是否拥有健康的体魄和良好的心理素质、是否拥有创新的精神和能力、是否拥有教育研究的意识与能力、是否能够熟练运用现代教育技术、是否具备浓厚的法律法规意识等，这些都是现代教师必备的职业素质。可以说，在每一个实现专业化发展的教师的身上，都能看到这些素质自然而和谐地共存。

（二）教师专业发展的有效途径

1. 专业政策扶持

政策可以为教师提供制度保障，降低教师专业实践可能面临的风险。提供专业政策扶持可以从以下方面着手。

（1）政策制定着眼长远。目前国家和地方出台的一些涉及教师的政策，大多属于短期、暂时性质，即针对公众舆论反映较为强烈的问题出台相应规章。这样的政策往往针对教师群体中某类突出现象，其出台不过应一时之需，对教师长远能力提升和自主意识确立并无明显效用。

真正的教师专业发展往往在一线实践和系统化专业支撑体系相融合的基础上产生。因此，应从战略角度看待教师和高校教育研究之间的联系，从国家层面供给相应政策促动这种融合形成。

（2）政策文本严谨规范。一方面，政府部门应避免各自为政导致政策价值取向过于分离，追求政策间相互融合；另一方面，则应对政策文本中那些模糊的、想当然的概念保持必要警醒。

（3）顾及教师切身利益。考虑到社会财富不断增加和国民整体生活质量不断提高，教师的地位、待遇与其贡献依然不相称，教师的实际政治、经济地位低于其应然地位。

（4）参与主体应更多元。首先，应改变公权部门决策专断的局面。其次，增加一线教师的实质性话语权才可能减少教师在政策实施中的随性与抵制现象。再次，专业性较强的政策交由非官方教师协会、基金会主导制定，涉及政府与教师利益分配的政策则应由第三方中介机构监督制定。最后，加强政策执行监督，避免有制不依，鼓励社会力量、新兴传媒参与监督。

2. 学校专业管理

学校是教师专业发展的核心场域，教师专业面貌是学校的基本校情，重视教师专业发展是学校爱师的表现。绝大多数教师专业发展事件都在学校遭遇、发生，教师专业发展各个时期都需要学校提供支持与引导，校本化也是教师专业发展新趋势。

学校专业管理是教师能否顺利发展的外部因素。调控和优化这一因素在教师专业认知生成、专业自主性提升等方面不可或缺。倘若一所学校教师精神涣散、工作懒散、教学懈怠、离职现象严重，提升学校教学质量及社会声誉的期许自然难以实现。对于教师而言，教师也必须回应学校的诸多专业要求。在学校，教师专业实践因此遭遇来自校方的复杂影响。这要求教师洞悉学校专业管理意图，并在自身需要与学校管理产生冲突时学会自我调适。可以从实现学校管理理念转换、反思学校专业管理规范、学校专业管理实践准则几个方面着手进行。

3. 教师培训机制

教师培训早已成为教师专业发展的重要途径，最初，教师培训主要针对教师学历偏低、教学理念滞后与基本技能欠缺。而后，培训扩展至新手教师专业适应、前沿教育科研方法、高端大数据应用、现代课堂管理乃至教师情商修炼等领域。

注重校本教师培训是非常重要的。当前，校本培训形态需要不断充实，减少理论型讲授、讲座、报告，增加对教师专业变革有实质性改善的培训内容，以问题为中心进行研究式培训。校本培训在培训时空、培训内容、培训方式及结业评价等方面应采取开放、多元价值理念。培训的最终评价应以教师在学校现实情境中成功"做"出来为最终准绳，因此校本培训尤其提倡做中学、干中学、例中学、探中学。在全员培训理念下，评价的目的并非要所有教师都成为学者型教师，而在于借助培训让每位教师都有所获，体验到专业价值并努力践行这些价值。

4. 教师自我完善

一切教育归根结底都是自我教育。一般认为，自我完善是教师有意识地依据专业标准及自身专业定位，积极主动地利用外在环境条件，通过自我认知、自我评价、自我管理不断弥补自身不足、提升自身能力的内部引导机制。专业竞争日益加剧、专业要求普遍提高、专业发展不确定性增大也使教师自我完善成为必然。

首先，教师需要丰富自我内涵。自觉对已有知识体系加以取舍、补充、优化和重组，适时调整知识结构，拓宽知识视野，促进自身知识更有效地迁移，避免过时守旧的知识观影响专业效能；在接触学生、辅助技巧、课堂评价、自学讨论、引导学生自我检查、发现学生的疑难问题、分析教材、以学定教等方面不断磨炼自己，了解学生的时代特质及发展规律，对学科内容和学生状况心中有数，基于学生的知识、经验背景设计教学、组织教学活动；学会理清教学内容间的关联性、层次性及难易等级，拓展可供选择的教学策略范围，做到教学环节衔接合理自如、教学行动自然流畅、策略选择审慎而合理。

其次，学会自我管理。一般认为，教师自我管理的具体策略包括：行动，不仅包括外在行为本身，还包括行为背后的观念支撑或知识体系；行动反思；剖析核心问题；搜寻替代方案；进行新尝试。教师应避免惯性思维，摒弃自以为是的成见，注重对专业实践进行观念和技术层面的重建。

最后，实现自我价值。一方面，教师应在市场思潮中秉持正确的专业价值观。另一方面，教师应坚持自我完善与自我价值内在统一。

第五章　加强高校学生管理与课程建设

第一节　加强高校学生管理

高校教学主要面对的是学生，教学成果也主要由学生的学习情况来体现。因此，高校学生管理也是高校教育管理体系中非常重要的一个组成部分。为了促使大学生在学校环境下获得最大限度的发展，加强各项高校学生管理工作必须被当作一个重要任务来执行。

一、高校学生管理概述

（一）高校学生管理的内涵

高校学生管理，即高校对学生的综合管理。具体来讲，高校学生管理是指为实现人才的培养目标，实现学生德、智、体、美、劳的全面发展，学校通过一系列决策、计划、组织和控制，对各种资源进行充分有效的利用，以服务和指导学生的成长成才的过程。

高校学生管理既有管理的基本属性，又有其特殊性。这主要表现在以下几点：

第一，高校学生管理的组织具有特殊性。高校学生管理主要由高校这一特定社会组织来实施。管理活动通常是在学校环境中进行的。高校是专门培养人才的社会组织，其首要和基本任务，就是教育和培养学生。高校学生管理就是围绕这一任务而实施的专门管理活动。

第二，管理总是有一定目的的，高校学生管理的目的是以人才的培养和发展为中心的，即高校要实现国家预定的人才教育目标，实现学生的协调健康发展，培养一批富有创新意识和生产实践能力的知识分子，为中国特色社会主义社会提供建设者和接班人。

第三，高校学生管理的实质是使高校的各种资源得到优化配置，指导和服务于学生的成长和发展。例如，指导学生顺利升学、毕业，帮助学生健康成长，引导学生行为，资助家庭经济困难的学生等都在学生管理范畴之内。实现这些任务，需要科学的策划、安排和控制，实现资源的最大化利用。

（二）高校学生管理的主体

提到高校学生管理的主体，一般都会认为是高校。其实，高校学生管理的主体并不是唯一的。高校、教育行政部门和学生都是学生管理的主体。只不过，高校是学生管理最重要的主体。教育行政部门则主要通过制定法律、法规以及各种规章制度，对学生的学习和活动做出明确的规定，以此在宏观层面上对高校学生进行管理。

学生既是管理的客体，又是管理的主体。因为学生在被管理的同时，也可以参与到学生管理的活动中。这种参与的过程正是学生主体性不断形成的过程。此外，大学生是高校管理的主体还表现在其对管理活动结果具有建构作用，也就说学生能够将自己建构成认识主体，既认识管理对象，也认识自身。

（三）高校学生管理的内容

高校学生管理的内容很多，总体上可以归纳为三方面的内容，即学生的学业管理、心理健康管理和生活管理。

1. 学业管理

为了端正学生的学习态度，使学生形成积极主动的学习习惯，提高自学的能力，提高教学效率，促进学生的进步，有必要对学生的学业进行管理，以实现学生的协调发展。

在学生的学业管理中，最基本、最主要的是学籍管理。所谓学籍管理，即学校对在本学校进行学习的学生在各学期间学习经历实行的管理。学籍管理涵盖了学生在教育机构的整个学习过程，从进入某一层次的学校进行学习开始，经过一段时期的学习，直到最后的毕业离校，都是学生学籍管理所涉及的内容。具体则主要包括学业成绩、肄业、毕业等方面的管理；学籍变动方面的管理；评估、奖惩等方面的办理等。

学校要重点关注的学生学业管理内容包括课堂学习、课外学习、考核评价、学业档案四个方面。

（1）课堂学习方面。加强对学生课堂学习的常规管理，需要从以下几个方面着手进行：

①抓好考勤，要让学生准时上课，规范请假办理手续，保障课堂学习的正常进行，使学生养成学习的好习惯。

②指导和帮助学生解决在课堂学习中出现的问题，以提高学生的学习效率。例如，传授有效的学习方法，帮助学生养成主动学习、积极思考、善于发现的好习惯，并具备一定的创新意识和能力。

③提供良好的课堂学习环境。从物质方面来说，要完善学习设备，在保障基本的教学用具的同时，增加现代化的教学媒体；从精神方面来说，要营造良好的课堂学习氛围，营造活跃的学术气氛。

（2）课外学习方面。当前阶段下，学校一般不提倡在课外给学生布置很多作业。因此，学生的学习，主要依赖自身的自觉性，在课外通过自己的钻研和探究来实现自身的发展。为了增强学生的课外学习，学校管理者可以组织开展各种各样的校园活动（如社团活动、各种比赛等）和邀请著名的学者、专家来校进行演讲，发展学生的兴趣爱好与特长。这样不仅能够开阔学生的视野，活跃学生的思维，还能够给予学生更多的选择余地，让学生认清自己，发现自身的潜能，提高自身的综合素质。

（3）考核评价方面。在学业管理中，对学生的考核评价也是其中的必要环节。通过对学生进行考核评价，能够获得有关学生学习的反馈信息，这些信息能够很好地促进学生的进步。当然，考核评价也是检查学校教学效果的一种重要方法。

对学生进行考核评价根本的目的是促进学生的发展。因此，作为一种手段，考核评价应树立正确的指导思想，坚持以学生为本。考核评价方式的制定，要具有发展性，保证方向的正确。考核评价的形式具有多样性。

根据考核评价结果，管理者还可以对优秀学生给予相应的奖励，激励学生不断发展自我，养成良好的学习习惯。不仅要奖励优秀者，还应当鼓励学习困难者再接再厉，千万不能一味地惩罚学业有困难的学生。

（4）学业档案方面。学生学业档案指的就是能够反映学生在学校学习活动中德、智、体诸多方面的发展状况的有价值的历史记录。它服务于学校的教育教学工作，并为人才的培养情况提供一定的参考。

在对学生的档案进行管理时，要从新生入学的这一刻开始，记录学生的基本信息和状况，以及时归档、更新，为学生的毕业、升学，资格的认证等提供必要的参考资料。

2. 心理健康管理

健康不单单指身体健康，还包括心理健康。学生要获得全面发展，不能缺少良好的心理素质。

在当前复杂的社会背景下，学生的心理问题越来越多，也越来越凸显。归纳而言，学生的心理问题主要来自以下三个方面。

（1）学业方面。学业上的挫折会使学生滋生不良的情绪和消极的心理，甚至出现轻生的念头。

（2）生活方面。生活上的压力会使学生产生各种不良心理，如因家庭困难致使学生出现自卑、嫉妒等心理。

（3）情感方面。情感上失败往往会给学生很大的打击，如失恋带来的悲观心理。

如果对学生出现的心理问题不闻不问，不加重视，会酿成不堪设想的后果。因此，对学生的管理还要注重对学生心理的管理，使学生具备良好的心理状态。

学校在心理健康管理方面，可以成立专业的咨询机构，聘用专业心理咨询人员，建立一支专业心理辅导队伍。在这一方面，美国设有专门的心理辅导室，对学生的心理进行专门的辅导，心理辅导人员实行专任制，具备一定的认证资格，这一点值得我们借鉴。学生心理健康辅导体系的构建需要注意以下三个方面：

第一，学校领导要积极营造健康的学校氛围，充分挖掘学校的资源，建立专门的心理咨询或辅导机构，切实领导学生心理辅导的工作。

第二，加强心理辅导队伍的建设，一个学校至少应该配备一到两名专职的具备一定的心理咨询技巧的心理辅导工作者。

第三，还要对教师进行一定的心理培训，使他们具备基本的心理专业知识与心理辅导技能，充分发挥教师的作用，壮大心理辅导的队伍。

学生心理健康管理的方式、方法多种多样，如心理健康教育、心理网站等。心理治疗的方法有精神分疗法、认知疗法、森田疗法、游戏疗法等。近年来焦点解决短期咨询法兴起和发展起来。焦点解决短期咨询法，是指对问题发生的原因不太深究，而是积极探求和发掘自身有效的资源，使问题在短期内得到解决。[①] 这种方法使人们认为自己才是能够解决问题的力量，它相信人们拥有足够的资源与潜力来解决自身出现的心理问题。

---

① 韩丽丽，杨漠. 焦点解决短期心理咨询技术的基本理念与比较优势 [J]. 承德石油高等专科学校学报，2005（2）：63-65.

焦点解决短期咨询法的任务,就是提供让人们发现自己身上正向资源的机会,找出改变自我的线索,咨询员只是起一定的引导作用。这一咨询方法改变了原来那种强调学生有心理问题的"病理化"导向,尤其适合学校心理咨询。焦点解决短期咨询法的核心任务,就是通过一定的方式,帮助学生通过自身的努力,达成他所希望实现的目标和自己愿意发生的变化。在解决了学生的心理问题的同时,还可以让学生实现自我心理健康的管理,提高自身心理素质。

学生心理健康管理面向的群体不仅仅是存在心理问题的学生,还面向全体学生。针对有心理问题的学生,可以通过个案辅导,对其诊断、鉴别分析和干预,使学生走出心理阴影。

总而言之,学生心理辅导有多种形式和多种途径,要结合具体情况,对症下药。学校应该根据学生个体的差异,灵活变通,帮助学生保持良好的心理状态,提高心理素质,使学生受益终身。

3. 生活管理

学生的健康成长,需要有良好的生活习惯以及基本的生活技能。因此,生活管理也是高校学生管理的重要内容。对学生实施生活管理,主要是为了使学生学会如何生存和养成良好的生活习惯,为学生走向社会生活提供一定的保障。学生生活管理需要重点做好以下几个方面的工作:

第一,建立相应的规章制度,规范学生的日常行为。通过规章制度的执行,使学生在约束的过程中形成行为的自觉。

第二,以宿舍为第二阵地,对学生进行教育和管理,抓好宿舍管理事项,做好宿舍管理工作,使学生养成良好的生活习惯。在进行宿舍管理时,要让学生有一个健康的作息时间安排和良好的卫生习惯。

第三,对学生的公共行为进行管理,要求学生遵守公共秩序和公共文明;对于学生不良的行为习惯,采取措施,予以帮助、纠正,可以实施必要的惩罚,让学生意识到不良行为的危害性,以转变不良的生活方式。

第四,通过讲座的方式,让学生掌握一些生活常识;通过开展丰富多彩的校园活动,如烹饪比赛等,让学生习得基本的生活技能,锻炼学生独立生活的能力。

第五,让学生拥有正确的、健康的生活观,提高学生的社会适应能力,树立正确的人生观、世界观、价值观,让学生学会做人,学会人与人之间的和谐相处。

上述三个方面就是高校学生管理的主要内容。要实现学生的协调发展,实现学生智力、身体、心理方面的全面发展,就必须将这三方面的管理工作相结合、相配合。当然，正确的管理方法也是必要的。在学校中，不同的场合和形势，需要采用不同的管理方法，采取不同的管理原则，使高校学生管理工作能够顺利地进行。

（四）高校学生管理的基本原则

1. 方向性原则

在高校学生管理中，方向性原则是最为基本的一个原则。坚持方向性原则，与高校学生管理这项工作的社会属性有关，也是对以往管理工作的经验做出总结后得出的正确认识。高校学生管理要有一定的方向指引，对于人才培养的规格、方式和模式这些根本性问题，要有明确的认识。在我国，学校的主要目标是为我国社会主义现代化建设事业培养大批合格和可靠的建设者和接班人。这一目标是高校学生管理确定目标的参考依据。

高校学生管理贯彻方向性原则，就是要使高校学生管理的目标与学校教育教学工作的总目标相一致，要与党和国家在大政方针和法律法规中规定的有关教育目标、管理目标等相符合。只有坚持这一原则，才能保证高校学生管理工作沿着正确的轨道运行，才能有效促进学生的全面健康发展以及自我价值的实现。

坚持方向性原则需要注意以下几个方面：

第一，管理者要树立明确的政治意识。所处的社会不同，高校学生管理的目标体系、理念、方法等也会出现明显的差异。但一些学校无论是在理论方面还是实践方面，都没有足够重视管理的政治意识和价值。一些管理者甚至没有高校学生管理的方向性意识。因此，为了坚持高校学生管理的正确方向，必须培养管理者的政治意识。

第二，制定合法的规章制度。高校学生管理要坚持正确的方向，就要在中国共产党的领导下，贯彻党的方针政策。这些方针政策在学校中，以各项制度的形式出现，与党的政治方向和价值取向相一致。学校在制定相关的各类学生管理制度时，要与国家相关的教育法律法规相协调。合法的规章制度，往往融入了一定的政治方向，能够有效地指导管理的执行。

第三，根据时代和社会需求的变化，及时调整和改革高校学生管理的目标。高校学生管理坚持正确的方向，并不意味着仅仅在政治方向上的正确性，还要在实际的管理活动中能够充分地服务于党和国家的中心任务。随着时代的变化，党和国家的任务也会有所变化，对人才的要求也会有不同的认识。因此，高校学生管理要紧跟时代的步伐，依据实际情况改革管理目标，创新管理模式。

2. 发展性原则

高校学生管理的发展性原则主要是指一方面高校学生管理工作自身要不断更新和发展，另一方面要通过高校学生管理工作实现学生的全面发展。

高校学生管理工作自身需要不断地发展和完善。随着我国社会政治的发展、经济实力的增强、文化的不断丰富，社会生活瞬息万变，复杂而深刻，高校学生管理工作所面临的形势、所处的环境、所实施的对象、所需完成的任务都会有很大的改变。这就对管理的运行机制、模式、目标和方法提出新的要求，为此，高校学生管理应该及时调整自身的工作，以保障工作的实效性得以发挥。

通过高校学生管理促进学生的全面发展，一般需要注意以下三个方面：

第一，具备发展的观念。很多管理活动都是在一定的思想指导下进行的，理念不同，管理方式和结果就会发生相应的变化。在传统的高校学生管理工作中，管理的出发点就是对学生行为进行约束，重管理，轻观念。有的管理者往往以训诫、命令等强硬的制度或方式强制学生应该干什么，不应该干什么，不重视沟通的作用，使学生的自尊心、自信心受到严重的伤害，与学生的全面发展相左。而如今坚持发展性原则亟须转变以往管理中不合理的观念，以学生的全面发展为基础，打破思维定式，以新的发展观念指导和设计管理的决策和计划。

第二，实现管理的不断创新。要促进学生的全面发展，管理自身应该不断地实现新陈代谢，以保证自身发展的活力，也就是要实行管理的创新。管理创新要为学生的全面发展服务，符合高校学生管理的一般规律和内在规律，开拓创新，在继承的基础上实现新的创造，开展富有创造性的工作，实现学生的成长成才。当前阶段下，高校学生管理工作中不断有新的问题冒出，对学生的思想造成了极大的困扰，学生的思想观念出现多元化的倾向。如果墨守成规，仍然使用传统的管理方法，必然不可能解决今天的问题，无法适应现在的发展。因此，实现管理的创新应该成为当前高校学生管理工作的重要任务。

第三，合理安排学校资源的整体规划，形成合力，以更好地促进学生的发展。为此，学校要协调各管理部门之间的工作、活动和关系，加强彼此之间的沟通与联系，从而有利于组织内部的和谐统一，实现学校资源的优化配置，使管理对学生培养和教育的作用得到最大限度的发挥。

3. 自主性原则

高校学生管理的自主性原则，是指在高校学生管理中，高校学生管理者要提倡民主管理，促使学生从被动地接受管理变为积极主动地参与管理，促使学生运用自己的聪明才智，自主解决自身的问题，实现自我管理。

之所以要坚持自主性原则主要有两个方面的原因：一是学生主观能动性的发挥，有利于管理的实施，进而发挥管理的实效；二是学生希望能够进行自我管理，在高校学生管理中充分发挥自主性。

贯彻自主性原则，高校学生管理者需要注意以下几个方面：

第一，唤醒学生的自主管理意识，充分照顾学生的自主需求，使学生体会自主管理的好处，享受自主管理的成果。

第二，为学生自主管理提供一定的平台。辅导员要充分"放权"，以班委会、团支部等学生组织为载体，为学生提供自主管理的平台，建立健全自主管理的运行机制，保证学生能够真正做到自主管理。

第三，指导学生进行自主管理。自主管理并不意味着放任自流，需要管理者的指导和帮助。具体来说，管理者要告诉学生工作的方向和目标，也就是要达到的效果；要定好相应的标准，做好监督工作，关注学生工作的进展情况；要及时获得反馈信息，确保学生工作方向的正确性。

4. 激励性原则

高校学生管理的激励性原则，是指管理者在高校学生管理工作中，要运用一定的激励手段或方式，引导学生的思想行为朝着预期的目标发展，使学生的积极性和创造性得到调动，从而最大限度地挖掘出每个学生的潜能，最终实现管理的目标。坚持该原则非常有助于提高学生的学习能力，促进学生的全面发展。

在实施激励原则的过程中，管理者要根据学生的实际情况，满足学生的学习需要，激励学生的内在动力，有针对性地采取合适的手段或方式，最终获得激励的效果。为了更有效地贯彻激励性原则，管理者需要充分注意以下三个方面：

第一，采用正向的激励手段。学校在进行高校学生管理时，激励机制若运用得合理、科学，可以有效调动学生的能动性，引导其思想和行为朝着正确的方向前进。但是，激励应当以正向激励为主，正向激励可以从以下两个方面来实行：一是物质上的激励，主要是指财物方面的奖励和鼓励；二是精神上的鼓励，主要指表扬和赞许。正向的激励，可以产生巨大的正能量，使学生将外部的作用力转化为内在的奋斗精神，挖掘自身的才能，实现自身的不断发展和进步。

第二，树立榜样，发挥示范作用。榜样往往能够带动学生的效仿，使学生在学习和生活中，有一定的目标和方向可循。在高校学生管理中，要善于树立榜样，宣传和鼓励榜样，激励学生争相效仿。

第三，注重采取情感激发。情感，是人格发展的诱因，是青年追求美好生活的动力。

5. 协调一致原则

高校学生管理是一种复杂的管理活动，往往受到诸多因素的影响。为了获得较好的效果，管理者应主动组织协调影响学生的各方面教育力量，互相配合，共同合作，步调一致地做好高校学生管理工作。这就是高校学生管理的协调一致原则。

坚持高校学生管理的协调一致原则，管理者要重点做到以下几个方面：

第一，广泛地联系家庭、社会以及学校内部各方面的力量，使之密切合作，相互补充。家庭、社会和学校是影响学生成长的主要外部因素。管理者若能协调好这几个方面的因素，则能有效促进高校学生管理效果的达成。

第二，充分发挥教师集体的作用。高校学生管理与任课教师的密切配合是分不开的，因此，管理者应当努力促成一个团结一致的教师集体。

第三，协调好团队组织和班委会。团队组织和班委会是学生集体的核心，是教师开展工作的依靠力量，因此，管理者要充分做好协调工作，以充分发挥他们在班级管理中的积极性、主动性和创造性。

（五）高校学生管理的注意事项

1. 树立正确的学生观

学生观，是指人们对学生这一特殊的社会角色的认识和态度、期望的综合观念。当前阶段下，高校学生管理要想获得较好的效果，管理者不仅要树立起科学的管理观念，还应当树立起正确的学生观。这里的学生观主要包括以下三个方面的观念。

（1）个性发展的主体观。高校学生管理者面对的学生都是一个个具有独特个性的人。这就决定了管理者必须坚持个性发展的主体观。这一观念要求高校学生管理要唤起学生的主体意识、主动精神，帮助学生创造乐观、自信、朝气蓬勃的人生。为此，学校管理者应始终坚持以学生为主体，将学生的发展与需求放在核心位置上，积极主动地启发和调动学生的自觉能动性，提高其自我意识，尊重学生，让他们自觉地接受管理者的管理。此外，管理者还应倡导教育的针对性，做好因材施教，使学生个性得到良好的发展。

（2）交往沟通的平等观。在高校学生管理工作中，管理者与管理者、管理者与教师、管理者与学生之间的交往和沟通是极为重要的。因此，管理者要树立交往沟通的平等观。

首先，管理者要增强民主平等的意识，把学生看作一个独立的个体，关心、尊重和帮助他们。

其次，管理者要尽量保持民主精神和平易近人的作风，缩短自己与学生之间的心理距离，使学生以开放的心态，轻松地学习，健康地成长。

（3）和谐发展的整体观。学生个体社会化进程是其身心发展与外部世界的适应过程。理想的学生观更应体现时代精神和新教育观的综合，在人的认知能力、道德、个性、精神力量等方面应体现出多方面的和谐发展。这与高校学生管理的基本目的是相吻合的。要坚持和谐发展的整体观，高校学生管理者应领导教师以现代意识和时代精神来考察学生的个性发展，深化教育教学改革，从德、智、体多方面为学生整体素质打好基础，促进学生的和谐发展。

2. 加强对学生的情感管理

"情感，是人格发展的诱因，是青年追求美好生活的动力。"当管理者与学生建立民主平等的关系，真诚对话、融洽沟通时，管理活动的实施就会比较顺利；当双方势如水火、缺乏交流时，学生对一些管理就会产生抵触情绪，不利于管理效果的实现。因此，管理者不能一味地以制度约束限制人，还要注重情感管理。对学生进行情感管理，就是指在高校学生管理过程中，要考虑学生丰富的情感，要讲道理、摆事实，循循善诱，用柔和的方式帮助他们提高思想认识。加强这种情感管理，高校学生管理者应注意做到以下几方面。

（1）晓之以理。这是指高校学生管理者要针对学生出现的问题，利用科学的道理和有说服力的典型事例，由浅入深地向学生讲明道理。

（2）动之以情。这是指高校学生管理者要在思想方面热情地关心学生的进步，在生活方面热心地照顾学生，在学习方面细心地指导学生。

（3）科学地融合"情"与"理"。这是指高校学生管理者要既能够在管理制度方面做到严明公正、一丝不苟，又能在情感方面做到善解人意、以诚待人。

总之，在高校学生管理的过程中，运用适当的情感方式进行各项管理工作，能够有效促进管理目标的实现。

3. 教育与管理相结合

在高校学生管理过程中，教育始终是不可忽视的一项内容。高校学生管理者应当时刻注意把对学生的教育工作和管理工作辩证地统一起来。换句话说，高校学生管理者对学生一方面要坚持正面引导、耐心教育，另一方面要用必要的规章制度要求学生，约束其行为。注重教育与管理的结合，高校学生管理者应尽量做到以下两方面：

第一，用科学的道理和正面的事例启发诱导学生，调动学生积极接受教育的内部动力，使他们在思想、品德、学业、生活等方面沿着正确的方向发展。

第二，引导学生制定必要的规章制度，并认真执行、经常检查、及时总结、进行评比。

4.学生集体管理与学生个体管理相结合

在高校学生管理过程中，高校学生管理者还应注意将集体管理和个体管理充分结合起来。这是因为通过对集体的管理可以去间接地影响学生个人，通过对学生个人的直接管理又可以影响集体。这样的相互影响可以使管理获得良好的效果。

要想将学生集体管理和学生个体管理结合起来，高校学生管理者需要重点做好两个任务，即组建良好的班集体和加强学生个别教育与管理。

二、高校学生学习管理策略

对于学生来说，其主要任务就是学习。只有通过学习，学生才能实现全面发展。因此，在高校学生管理中，不可忽视对学生的学习进行管理。学生学习管理是需要采取一定的策略的，尤其要注重以下几个策略。

（一）树立正确的学习目标

学习动机与学习目标之间联系密切，端正学习目标，有助于激发学生深层学习动机。由于学习目标的需要，才出现和产生了学习动机。在对学生的学习行为进行引导和管理的过程中，首要的任务就是学习目标的确定。具体来说就是要不断强化学生学习行为的目标意识，使学生树立的学习目标科学、合理，以形成良好的学习动机。要想树立正确的学习目标，管理者需要做好以下几个方面的工作。

（1）让学生明确认识到社会发展与个人需要之间的联系，自觉将个人需要统一到社会发展中去，制定科学合理的学习目标，以实现成长成才。

（2）通过使用正向激励强化学生的目标意识，通过进行职业发展辅导等，使学生认识到在学习过程中树立学习目标对于促进自身发展的重要意义。

（3）最大限度地调动学生的学习动机。在当前市场经济体制下，学生的竞争激烈，学生的学习动机容易出现实用化、功利化的趋势。这种学习动机在一定程度上有其合理性，但过于偏向功利化就会让学生的学习偏向于被动，而不是将学习当成一种兴趣，这不利于学生的成才。

总之，对学生的学习进行管理，就是要结合每个学生的个体差异，激发学生的求知欲，唤起学生的学习兴趣，帮助其确定正确的学习目标、树立科学的学习期望，形成学习的动力，发挥学生的潜力。

（二）培养学生自主学习的能力

所谓"授之以鱼不如授之以渔"，在学生学习管理中，要注重学生对知识的获得，还应当注重学生自主学习能力的提高。学生的自主学习能力往往能够影响其一生的学习。为了培养学生的自主学习能力，学校及管理者要做到以下几个方面。

（1）客观分析学生的内在素质，针对学生个性发展和全面发展的需要，科学地制定阶段性学习规划，教给学生学习的方法，指导学生自主学习。为此，可以建立、制定和完善大学自主学习规范、学习规划和制度等。

（2）探索合适的方式，将自主学习与小组学习有机地统一起来。改变学生在自主学习中偏向于单独学习的情况，使他们善于进行小组合作学习，并适当地组织学生进行合作学习，发挥团队的智慧，汲取众人的智慧，促进自身的发展。

（3）提供丰富的公共学习资源，为学生的自主学习创造更多的机会。例如，完善图书馆建设，建立校园网络教学平台，使学生的学习有一个良好的环境和丰富的资源。

（三）营造良好的学习氛围

学习氛围融洽，学生的学习热情也会相应高涨。因此，学校及管理者要注重营造良好的学习氛围。

首先，要切实保障学校的教学管理秩序，加强整顿学习行为的纪律规范，使学校的教育教学有一个正常的秩序。

其次，要注重校风学风建设，严肃处理学生在教学中的不当行为，严格公正地纠正违反相关管理规定的学习行为；以教育为本，严格规范学生的教学管理，并以相关的警示、预防等机制，肃清校风校纪，营造公平公正的学习环境和诚信踏实的学风。

（四）建立科学持久的学习奖励机制

学习奖励机制是人才培养的重要制度保障。它具体体现了国家和学校人才培养的规格和要求，能够引导学生的行为朝着预期的目标发展，确保学生的健康发展。

这一机制的构建是以正向激励原则为指导，以学生的全面发展为导向的。为了调动学生学习的积极主动性和动机，引导学生的学习行为，指引学习的方向，管理者不仅要对那些无论是在学习上还是在校园实践活动表现都很优异的学生给予一定的物质奖励和精神奖励，对他们做出肯定，还要对那些在学习上有较大进步的学生给予一定的物质或精神奖励，增加他们进一步努力的信心。

三、高校学生德育管理策略

（一）高校学生德育管理的重要性

德育是以培养受教育者一定的思想品德为目的的教育活动。高校学生德育的运行必须以有效的组织管理活动为保障。德育管理就是对德育的各种要素和资源进行有效的组织与配置，以实现既定德育目标的过程。"德育管理者正是通过德育管理把自己的主观能动性体现并贯彻于德育实践活动之中，德育管理是德育思想转化为德育实践活动的中介或渠道，它集中体现了德育主体在德育实践活动中的能动作用"[1]。

具体来说，高校学生德育管理的重要性主要表现在以下几个方面。

1.学生德育管理是高校管理的有机组成部分

我国高校管理的基本任务是全面贯彻党和国家的教育方针，促进高校大学生的德、智、体等全面发展。由于德育是我国教育方针和教育内容的重要组成部分，学生德育管理自然也就成为学校管理中一项不可或缺、十分重要的内容。但是，在德育实践中，一些高校管理者对德育工作缺乏足够的重视，他们往往更加重视教学管理、科研管理、人事管理、财务管理、总务后勤管理等切实可以考察的管理内容，而对德育工作的管理则放任自流。

综上所述，我们可以看出，我国高校学生德育工作的改良与提高必须从加强管理入手。这就要求各高校领导和管理人员必须在思想上、行动上把学生德育管理纳入学校管理的整体范畴。任何对学生德育管理的忽略和轻视行为，既不符合党的教育方针，也有悖于学校管理的基本规律。

2.加强学生德育管理是提高学校德育工作效能的需要

德育是一个复杂的概念。从心理学的角度来看，品德的养成对于一个人的成

---

[1] 鲁洁，王逢贤. 德育新论[M]. 南京：江苏教育出版社，1994：23.

长和发展而言，既是最基础、最简单的目标，又是最高级、最复杂的目标，因而对道德的反省与完善通常会伴随一个人的一生。从伦理学角度来看，对道德理想人格的追求往往需要每一个具有理性精神的人付出毕生的心血与努力，很多人在临终时依然会觉得自己距离理想人格的目标很远。所以，以培养高尚道德为旨归的德育，是一种极为复杂的人类社会活动。而这种复杂活动的有效运行和开展，更不可缺少管理作用的发挥。

高校学生德育具有全息性、开放性和生态创生性的特点。具体而言，这里所说的全息性是指高校里的任何德育事件都能折射和反映出整个社会的道德状况与精神风貌；开放性是指高校学生德育工作永远是一个不可封闭的开放系统，它与人的整个社会生活和自然世界是相通相融的；生态创生性是指高校学生德育工作的和谐运行和未来发展，需要在调动整个生态资源的基础上不断地进行生态创生，即需要不懈地构建适宜于人类道德健康发展的社会环境和社会生态系统。

综上所述，我们可以看出，高校要想有效地开展德育工作，就必须通过加强管理来对德育工作进行认真、系统的计划、组织和协调。只有通过科学的管理和组织，高校学生德育工作才能有条不紊、富有成效地开展。

3. 加强学生德育管理是新形势下提高学生思想道德水平的需要

在当前阶段，我国正处于社会转型的关键时期，这种客观实际决定了我国社会形势的复杂多变，随着改革的深入、开放的扩大和社会主义市场经济的发展，高校学生德育工作也面临着更多前所未有的问题。如在经济体制发生重大变化的情况下，如何坚持社会主义意识形态的主导地位，如何进一步用马列主义、毛泽东思想和中国特色社会主义理论来教育和武装高校大学生；在进一步扩大对外开放，适应经济全球化的背景下，如何教育大学生正确地认识我国国情，继承和发扬中华民族的优秀文化传统，树立民族自尊、自信、自强、自立精神；在多元文化并存的背景下，如何教育高校大学生坚持社会主义主流价值观，树立正确的世界观、人生观和价值观，形成良好的道德品质；在科学技术迅猛发展和学习型社会普遍到来之际，如何教育和引导高校大学生在观念、知识、能力和心理素质等方面尽快适应这些新要求、新挑战等。这些问题都是当前高校学生德育工作所面临的全新课题。这些问题的解决，既需要从德育工作的层面来加强研究，也需要从学生德育管理的层面来进行破解。

（二）高校学生德育管理的策略

1. 确立德育目标

所谓确立德育目标，就是要对本学校在未来一段时期内的德育工作提出明确的目标和要求，包括学生思想品德发展、学风改进、师德建设、校园文化发展等各个方面。有了明确的德育目标，学校整个德育工作就有了努力的方向和抓手。因此，德育管理的组织必须首先从确立德育目标开始。

2. 健全德育组织机构

建立健全高校学生德育组织机构，明确界定其职责，是有效开展高校学生德育活动的基础。高校学生德育组织机构既包括党、团、群组织，也包括以校长为首的各级行政组织。高校中的党组织是开展德育工作的核心领导机构，高校中的教育工会、共青团和学生会等组织是开展德育工作的重要力量。高校管理者承担着对大学生全面教育和培养的责任，高校学生处是管理学生思想政治教育的主要职能机构；高校的各院系的党总支、学工组、辅导员等，是学校开展德育工作的基础性力量。只有建立健全了上述德育组织机构，配齐配强了德育工作者队伍，高校的德育管理和德育工作才能扎实有效地开展。

3. 加强辅导员队伍建设

高校学生德育的人力保证核心在于加强学生辅导员队伍的建设。首先，应按照教育部辅导员与学生之比为1∶200的要求，将专职辅导员配齐配足；其次，要选拔责任心强、热爱学生的青年教师来担任学生的兼职辅导员或班主任。只有保障了德育工作者队伍，德育管理和德育工作才能扎实有效地开展。

4. 完善德育工作制度

健全和完善德育工作制度是有效开展德育工作的制度保证。高校学生德育工作制度本身既具有管理功能，又具有育人功能。从高校管理者和教师的角度来看，至少应制定《德育工作会议制度》《德育工作检查、考评、奖惩制度》《辅导员守则》等。从大学生的角度来看，学生应当遵循国家对学生在思想品德方面的基本要求，如《学生纪律管理条例》《课堂规则》《学生宿舍条例》《学校公共场所管理制度》《学校文明礼貌行为公约》《学生爱护公物规则》等。为了确保这些制度能够得到贯彻执行，各高校还应建立相配套的各种监督检查制度。

5.加强广大教师的师德建设

高校学生德育工作的基础性力量在于广大一线教师的人格感染力，他们对高校大学生的品德有巨大的影响。充分发挥高校教师在教书育人中的主体地位和作用，是做好学校德育工作的重要基础。高校教师的职责不仅在于传授知识，还包括影响学生的品质。高校教师只有首先纯净自己的思想和灵魂，拥有高尚的师德，才能有效地担负起育人的使命。孔子云："其身正，不令而行；其身不正，虽令不行。"因此，实施德育工作、加强德育管理，一项很重要的任务就是必须加强师德建设，要增强教师热爱学生、关心学生、服务学生的责任感，要引导广大教师严于律己，以身作则，为人师表，在思想和言行上时时处处做出表率，并通过这种表率作用的发挥对学生思想品德的养成产生潜在的影响。

四、高校思政教育融入学生管理

（一）思政教育融入学生管理的意义

1.保障了学校精神文明的建设

精神文明建设，包括思想道德建设和教育科学文化建设两个方面。高等学校既是发展科学文化事业的重要部门，又是培养社会主义事业建设者和接班人的重要基地，将思政教育融入学生管理工作，就能保证高校学生达到比一般同龄青年更高的思想道德素质，以同他们具有的较高的科学文化素养相对应，同将来所担负的社会责任相适应。高校学生是未来各条战线的建设骨干，社会主义精神文明的种子很大程度上靠他们去传播。因此，我们一定要坚持物质文明和精神文明一起抓，避免"一手硬、一手软"的倾向，深入持久地开展学雷锋、树新风、五讲四美三热爱，以及适合青年特点的各项竞赛活动，认真抓好校风、学风和班风建设。为此，也必须将思政教育融入学生管理工作，并采取切实的行政措施，严格规章制度。思政教育是无形的规章制度，而规章制度是有形的思政教育，两者互相补充，相得益彰。

2.保障了安定团结局面的维护

随着我国经济、科技、教育和政治体制改革的深入与对外开放的扩大，必然涉及一些经济利益的调整，容易引起一些人的思想波动。加之改革是一场革命，在改革、开放过程中，由于新旧体制和新旧观点的同时并存，改革与守旧、先进与落后、科学与愚昧的对立和斗争是不可避免的，在探索前进道路上出现一些失误也在所难免，这也会引起一些人的不满和心理失衡。要解决这些认识和思想问题，消除不安定因素，主要依靠思政教育及其严格的管理。在实际工作中，一要切实关心学生的实际利益，主动解决应该解决又有条件解决的问题，满足他们合理的物质生活和精神生活的需要；二要不断地进行"一个中心、两个基本点"的基本路线教育，进行人生观和道德观教育，进行民主与法制教育，使他们识大体，顾大局，正确处理个人、集体和国家三者的利益关系；三要采取疏导方法，坚持说服教育，提高他们对安定团结重大意义的认识，懂得既要稳定又要鼓劲的道理。

3. 促进了学生的健康成长

当代高校学生有许多突出优点，如学习勤奋，勇于思考，拥护改革，向往四化，有报效祖国、振兴中华的强烈愿望等。但是，绝大多数学生从家门到校门，缺乏社会经验，缺少新旧社会对比的经历，对我国的国情、民意和党的方针政策不甚了解，思想游离性大，往往容易接受错误思潮的诱惑。将思政教育融入学生管理工作，可以帮助他们增强思想免疫力，把他们培养成为不仅善于建设社会主义四化大业的专门人才，而且又是勇于挫败西方反动势力"和平演变"战略的忠诚战士。

（二）思政教育融入学生管理的基本方法

思政教育融入学生管理的方法多种多样，不应强求一律。但从目前高校普遍行之有效的方法看，归纳起来，主要有目标灌输法、积极疏导法、榜样示范法、调查实践法、心理咨询法、个别谈心法、自我反省法、奖惩结合法等。这些方法还可根据思政教育融入学生管理的不同任务和对象化为更具体的方法，而其中的目标灌输法、积极疏导法则是两个必须采用的基本方法。

1. 目标灌输法

学校教育就是教育者按照一定的培养目标，有目的、有计划、有组织地向新一代传授知识和技能，影响其身心发展，把他们塑造成为一定社会（或阶级）所需要的人的活动。所以，从这个意义上讲，任何教育都是一种灌输，没有灌输，就无所谓教育。关键在于灌输什么，怎样灌输。[1]

社会主义高等学校的思想政治教育，尤其需要灌输。马克思主义认为，社会主义思想体系不是自发产生的，而是从无产阶级革命实践中产生出来的科学理论。青年一代的无产阶级政治观、世界观、人生观和道德观等，也不会自发地形成；

---

[1] 俞贺.将思想政治教育融入高校学生工作途径初探[J].新西部，2019（23）：130-131.

而且在社会主义初级阶段，在意识形态领域中，资产阶级与无产阶级争夺接班人的斗争将是长期的，有时甚至是很激烈的。社会主义思想体系的任何削弱，就意味着资产阶级思想体系的加强。所以，必须加强党对高等学校的领导，加强对青年学生的思想政治教育的灌输工作。那种淡化党的领导、改造思想政治工作的观点，是违反马克思主义的。当然，我们在肯定思想政治教育的目标灌输法的同时，也要反对生吞活剥的"填鸭式"的灌输方法，要提倡生动活泼的春风化雨式的教育方法。

2. 积极疏导法

所谓积极疏导法，简而言之，即疏通和引导相结合的方法。它是中国共产党历来坚持的说服教育、以理服人的方法在新时期的继承和发展。疏通，就是发扬民主，广开言路，分清是非，统一思想。引导，就是坚持原则，循循善诱，晓之以理，导之以行。疏通和引导是对立的统一，两者是互相依赖、互相贯通的。疏通中有引导，引导中有疏通，疏通是引导的前提，引导是疏通的目的，但两者又有差别，不能混为一谈。

积极疏导法，是处理人民内部思想认识问题唯一正确的方法，它既不同于"残酷斗争、无情打击"的方法，又有别于"淡化领导、放任自流"的做法。毛泽东同志指出："凡属于思想性质的问题，凡属于人民内部的争论问题，只能用民主的方法去解决，只能用讨论的方法、批评的方法、说服教育的方法去解决，而不能用强制的、压服的方法去解决。""企图用行政命令的方法，用强制的方法解决思想问题、是非问题，不但没有效力，而且是有害的。"特别是对血气方刚处在心理断乳期的高校学生，更应坚持积极疏导法。青年学生的思想游离性虽大，但可塑性也强，只要持之以恒地待之以诚、动之以情，他们是会接受真理和修正错误的。

要坚持积极疏导法，首先必须明确它不光适用于学生，也适用于管理者。学生中有思想和行为的是非问题，管理者也往往有管理不善、不力、不当的问题，不能一味疏导学生而不反省自己，否则，就等于疏而不导。坚持积极疏导法，同时要明确它并不排斥运用法纪。对于学生中少数严重违法乱纪者，该处分的也不能姑息迁就。否则，积极疏导法也会苍白而无力。只有这样，才算彻底地贯彻积极疏导法。

（三）思政教育融入学生管理的一般规律

所谓规律，就是事物发展过程中内部的本质联系和必然趋势。一般说来，凡规律都具有两个基本属性：一是客观性，二是层次性。就高校学生管理这个层次，对于高校思政教育管理者来说，正确认识和自觉运用如下三个方面的教育管理规律，是不无裨益的。

1. 坚持客观环境和思想政治教育的双向选择

这个规律是社会存在决定社会意识、社会意识反作用于社会存在的基本规律，在思政教育管理中的具体表现和运用。

众所周知，广大青年学生直接生活在高校的小环境中，高校又存在于国内社会的亚环境之中，而国内社会又是国际社会大环境不可分割的一部分。由于现代传播媒介的飞速发展，各种社会信息纷至沓来。这些校内外、国内外的外部信息和人化了的环境因素，包括社会生活条件等物质因素，社会制度等政治因素，思想意识等精神因素，以及社会交往等人际因素，必然会通过各种渠道反映到学生头脑中来，形成这样那样的思想意识。积极健康的外部信息和环境因素，能够形成学生良好的思想品德。反之，消极腐朽的外部信息和环境因素，就会形成学生不良的甚至是恶劣的思想品德。从当前青少年犯罪成因分析，绝大部分也同人化了的外部环境有关，这就是环境对人的选择。但是，无论怎样的外部信息和环境因素对人产生影响，都需要通过人脑的加工选择和实践活动才能实现。因此，人们接受外部信息和环境因素，不是消极的、被动的，而是积极的、能动的过程。

古今中外的教育家历来都非常重视思想政治教育的外部环境建设。管理者一方面要千方百计地控制环境影响因素，选择利用典型的社会环境，对学生进行思想政治教育，另一方面要积极创造良好的校园环境，包括良好的校容、校貌、校风、学风等，给学生以潜移默化的感染、熏陶。思想政治教育与外部环境相比，教育对人的影响，特别对青少年的影响，起着主导作用。这就是客观环境与思想政治教育双向选择的规律。目前不少高校积极开展的校园文化建设，提出绿化、美化、净化校园环境，倡导学雷锋、树新风活动，就是自觉运用这一规律的生动表现。

2. 注重教育主客体的双边活动

这一规律，既是教学活动的规律，也是思想政治教育管理的规律。管理也是教育。这里的教育主体，主要是指思想政治教育的专职管理者。教育的客体是指思想政治教育的对象，是受教育的学生。在教育主体与教育客体这对矛盾中，教育主体是矛盾的主要方面，起着主导作用。

教育主体要充分发挥主导作用。首先，必须调查了解教育客体，科学地分析和掌握他们的思想脉搏和兴趣爱好等特点，实事求是地确定教育内容、方针、原则和方法，指导受教育者健康成长。其次，教育者要先受教育。这有两层意思：一方面教育者要善于向自己的教育对象学习，虚心听取他们的意见，不断提高自己；另一方面教育者要以身作则，率先垂范。当代高校学生思想上有一个显著特点，就是不轻信，不盲从，讲实惠，求功利。他们最厌恶言行相悖，最崇敬英雄伟人。一个好的管理者，应善于运用榜样的力量。此外，在对高校学生实施思想政治教育的过程中，除要发挥教育主体的主导作用外，还要注意调动教育客体中自我教育的能动作用，最大限度地激发他们接受教育的内在主动性和积极性，进而培养学生自我控制、自我评价、自我修养和自我管理的能力。从这个意义上说，教育主体与教育客体的区分是相对的，这时的教育客体同时又是自我教育的主体。这就是教育主体与教育客体双边活动的规律，是思想政治教育管理的又一重要规律。现在许多高校大力提倡教书育人、管理育人、服务育人活动，吸收学生代表参与学校不同层次的管理工作，帮助学生成立自律委员会等，就是运用这一规律的成功尝试。

3.加强思想政治教育与专业知识教学的互补

这一规律实质上是对立统一规律在学生教育管理工作中的反映，是社会主义高校发展的必然趋势。我国社会主义的现代化建设大业和国际共产主义运动的发展，向高校学生提出了既要学习政治，又要学习业务的明确要求，做到又红又专，德才兼备。只红不专，有德无才，或者是只专不红，有才无德，都不是社会主义建设的合格人才。因此，高等学校的管理者，必须善于把思想政治教育与专业知识教学有机地结合起来。要发动各科教师既要管教又要管导，把思想政治教育贯穿到课堂教学和教材中去，真正做到教书育人，为人师表。要教育全体政工人员既要管红又要管专，把思想政治教育渗透到各项业余活动中去，做到"寓教于学""寓教于乐""寓教于美"。政工队伍与教师队伍这两支队伍，共同为培养又红又专、德才兼备的人才服务，努力克服政工人员管"红"、教学人员管"专"的政治与业务"两张皮"现象，就是思想政治教育与专业知识教学双方互补规律。这是高校思想政治教育管理中普遍起作用的规律。

总之，高校思想政治教育管理，只有自觉按照客观规律办事，才能称之为科学管理，才能收到预期的效果。

五、高校学生教育与管理的奖惩体系

（一）实施奖惩的工作依据

目前，我国高校奖惩工作多采取通过对学生素质的综合测评来进行。各校制定的综合测评的实施方案，实际上就是对学生德、智、体诸方面进行全面考核的一个指标体系。因此，各高校能否建立合理的考核体系，是衡量学生考核工作是否成功的重要标志，也是开展学生奖惩工作的基本前提。

学生综合测评内容基本上是按德、智、体三个大的方面进行考评。但是在具体实施过程中，智育和体育方面容易量化，而德育方面的考核工作是一个难度较大的问题，因为这里有一个"量化"的问题。大学生政治思想测评量化问题，目前全国各高校都处在一种探索和尝试过程中。人的思想品德，有其外在表现的一面，也有其内在心理素质和道德涵养的一面。这两个方面，特别是后一个方面，是比较难量化的，起码是不能简单量化的。近年来，围绕大学生思想品德测评问题，高等学校思想政治教育部门及行政管理部门的同志进行了许多探索和尝试。

（1）大学生德育的量化考核。综合目前全国高校的德育量化工作，一般的做法都是从学生思想品德的实际出发，把德育考核分解成两部分，即基本素质（一般量化定为60分，称为基础分）和参考附加分（量化分为正分和负分两种类型），即德育成绩等于基础分60分加上考核附加分（正分或负分）。德育考核附加项的内容各校不尽一致，但大体都包括以下几个方面的内容：

一是形势任务方面的内容，如参加时事政治学习和党团组织生活及校、系、班三级组织的集体活动的出勤情况。

二是学习态度方面的表现情况，如按时上下课，及时完成作业，遵守课堂纪律、考试纪律等方面的情况。

三是文明礼貌方面的内容，如尊敬师长，团结、关心、帮助他人的表现情况，以及个人卫生、宿舍卫生、爱护公物、维护公共秩序等方面的情况。

四是为同学及社会服务方面的内容，如担任学生干部和其他社会工作的情况。

五是大学生社会实践方面的内容，也有将近几年在大学生中开设的"形势与政策""法律基础知识""人生哲学""大学生修养"等课程的成绩纳入德育考核范围的。

（2）大学生的智育考核。智育考核的一般做法都是以学生全年各门课程考试成绩为依据并设附加奖励分，即智育成绩等于本学年各门课程总成绩除以本学年课程总门数后的得分再加上奖励分。智育考核的奖励分一般是指课堂以外的专业学习及科研情况，如发表论文、参加专业知识方面的学习竞赛或某种发明创造等。

（3）大学生的体育考核。大学生的体育考核主要是依据学生的体育课成绩、参加课外文体活动、早操出勤等方面的情况进行考核，有些院校将劳动课及义务劳动等方面的内容加入了该项考核。体育考核也应确定基础分，即体育成绩等于基础分60分加上附加分（正分或负分）。

（4）大学生综合测评总成绩的确定。大学生德、智、体三方面总成绩的计算，即把德、智、体三方面分项考核的成绩乘以各自所占的百分比，然后相加，即大学生的综合测评总成绩。德、智、体三方面各自应占多少比例，各校可以自行研究确定。大部分院校德、智、体三方面的所占比例一般为德育30%，智育50%，体育20%。

（二）实施奖惩工作的内容

大学生奖惩工作与思想政治工作或其他工作相比，具有明显的刺激特点，其社会影响更为广泛。因此大学生的奖惩工作就具有很强的政策性。在大学生奖惩工作中，应具体注意以下几点。

（1）惩罚要有依据。对大学生的行为管理，主要依据国家规定的培养目标和各级主管部门及学校制定的规章制度、行为准则和有关规定。近年来，国家教育行政主管部门颁布了《普通高等学校学生管理规定》和《高等学校学生行为准则（试行）》《高等学校校园秩序管理若干规定》等有关高校学生行为管理的办法及准则等。这些规定、准则是高校进行科学管理的最权威的依据。各高校应根据这些规定、准则结合本校实际情况制定若干细则和准则、条例，从而使学生教育管理工作有章可循，按章办事，以避免和克服管理工作中的随意性。

有了规章制度后，还要广为宣传。要像全国普法教育那样，在大学生中进行校纪校规教育。有条件的学校，还可将有关学生管理方面的条例、规章制度及办法汇编成《大学生手册》，让每个学生知道哪些事可以做，哪些事不可以做，从而使这些规章制度真正成为大学生的思想和行为准则。

（2）奖惩要有人执行。规章制度建立后，具体的贯彻实施十分重要，规章再好，不能落实则是一纸空文。因此建立一支训练有素、相对稳定的学生教育管理工作队伍，才能真正适应学生教育管理工作的需要，才能真正使奖惩这个学生行政管理手段发挥出它的作用来。

许多高校的同志都不太愿意做学生教育管理工作，涉及政策方面的问题，是学生管理干部与校内其他专业技术人员不享受同样的待遇，不能评聘相应的技术职务。因此各高校党政领导应重新评价和正确认识学生教育管理工作的地位和作用，增强学生管理干部的光荣感、责任感，从而选拔一批思想政治素质好、吃苦耐劳、具有一定的理论修养和实际工作经验、热爱学生工作的同志从事学生教育管理工作，并能定期从学生管理干部中选拔一批同志外出进修或去教育行政管理学院脱产学习，并注意改善学生管理干部的工作条件和生活条件，以解决他们的后顾之忧。

（三）大学生处分的管理及报批程序

1. 大学生的处分管理

大学生的处分一般均由学校行政部门具体管理和实施。从大学生所受处分的行为特点来看，一般涉及学校以下三个部门：教务处、保卫处、学生处。

对于学生无故旷课、考试作弊等教学管理制度方面的违纪行为一般应由教务处协同系级组织调查处理；对于学生违反国家法律、法令、法规，偷窃、诈骗、打架斗殴，扰乱宿舍、课堂、食堂、考场、会场、图书馆、影剧院等公共场所秩序的违纪行为一般应由校保卫处协同系组织调查处理；学生其他方面的违纪行为则一般应由学生处协同系级组织调查处理，如伪造涂改证件等行为。学生处分不管由哪个主管部门处理，违纪学生处分的情况汇总工作一般都应由学生处全面负责。

2. 大学生处分的报批程序

发生学生违纪现象后，该生所在系应积极帮助班主任（年级辅导员）做好调查了解及取证等工作，后由该班班主任召集班委会研究讨论，提出处理意见，报系行政部门，系行政部门则应根据学校有关学生违纪处分规定，讨论提出具体处分意见，并按违纪的行为特点报学校有关部门复议。

警告、严重警告处分由系里提出处理意见，学校主管部门讨论决定。记过以上的处分，则先由系里提出处理意见，学校主管部门复核，提交校行政会议讨论决定；勒令退学、开除学籍的处分，应报省、自治区、直辖市主管高教部门备案。其中因政治问题而做出勒令退学、开除学籍处分的，须报经省、自治区、直辖市党委有关部门同意，由省、自治区、直辖市高教主管部门审批。学生的处分决定均应归入本人档案，不得撤销。

另外在学生处分的实施过程中要注意，在处分决定下达之前，应将处分决定书面或口头通知被处分的学生，被处分的学生应在处分决定意见书上签名，并注明"同意""保留意见""要求申诉"等字样。被处分的学生如不服，可以在接到通知后，向有关部门提出书面申诉。有关部门在接到申诉后，应进行复查，给予答复，如处分不当，应予以纠正。申诉是学生的一项民主权利，应当正确对待，不能认为申诉是无理取闹，更不能由于申诉而加重处分。

第二节　加强课程建设

一、教材建设与选用标准考察

教材建设要完善教材的评审、评价、选用机制，要对教材严格把控，严格检查教材的质量问题，要选高质量的精品教材，对教材定期地更新，以方便学生走出校门后，可以更快地融入社会。

高校选教材的模式有：专业型选用模式、专业与法理混合型选用模式、整合型选用模式等。

（一）专业型选用模式

专业型选用模式的典型案例如下：

A 老师是西北某高等院校的法学院的副教授，无行政职务，主要教授"民法学原理"课程。A 老师作为院校的法学老师，教授学生的课程是"民法学原理"，"天然"地具有选定这门课程教材的权利，这是由他的专业身份决定的，虽然学院也有民法方向的其他教师，但其他教师并不直接参与"民法学原理"课程的教学，其他教师也认可由教师各自负责自己课程的教材选择。通常这类专业型选用者具有以下特征：具有较高的专业学历背景，同时也有专业研究领域；具有一定的专业职称，比如教授、副教授职称；直接教授该课程。

A 老师在熟悉的圈子里可以身兼数职，不仅在法学院作为一名教师而工作，授知识于学生，而且也在学院里的研究中心工作。这样把浅显易懂的知识授予学生，自己深入研究法学领域的知识，补充我国法学上的漏洞，从自身的角度来说贡献出了一份力量，从国家来说弥补了我国法律上的漏洞，使得我国的法律更加完善健全。A 老师学问再深，也需要与教材相融合才能让一堂课顺利地完成。

在教材以及教辅方面，A 老师可以多给学生一些选择，让学生自由购书，经常和学生沟通，就知道学生的迷茫点和对知识的切入点。又或者在班级里统一给学生意见或者建议，然后总结，让教务处的相关工作人员统一采购教材，这样会有更大的优惠，这也是站在学生的角度来思考问题了。总之，在教师的建议下购书是比较专业的，教师是以专业的角度来推荐教材的。

（二）专业与法理混合型选用模式

使用专业与法理混合型选用模式的典型案例情景如下：

C老师是某学院的英语教师，所教的是英语专业里的"语言学"。有人问关于教材选用问题的时候，C老师就会回答：教材选用的问题，基本上都是遵循着专业型选用模式。令C教师发愁的是全校大学英语教材的选用问题，其他英语老师和C老师商量了好久，但是C老师并不承担大学英语教学选教材的工作。按照C老师的理解：英语老师们商量教材的选用，只是站在了自己能理解的角度里来选用教材，并未和学生的理解能力联系在一起。

其实，C老师说得也是有些道理，如果能结合实际情况，再加上专业的程度来选择教材，这种决策就遵循了专业和法理相结合的选用模式。简单地说就是结合了专业人员的教学意见，能通过程序、制度合法性地参与购书环节，更能站在学生接受知识的角度来选用知识的深浅。

相信各大院校关于选用教材方面都各有流程，但学校与学校的实际情况不同，所说的流程也就不一样了。如我们所说C老师的学院里，大学英语的教材选用，专业不是最重要的，专业+法理才是最重要的。对于这类教材，除了关注它本身的质量，与学校学生的契合度，更主要的是关于使用教材的背后价值——增值服务。因此，重要的是权衡出版社能提供的服务质量。比如是否能提供大学英语教师的教学培训等。

（三）整合型选用模式

整合型选用模式的典型案例如下：

D老师是某独立院校的校长，在通常情况下不授课。独立院校的董事会在学校的整个运营过程中扮演着双重角色，可以从两个角度进行理解：①从产权的角度来讲，独立学院的董事会代表了学院运营的最高权力，学校里的较大的事宜都需董事会同意后方能实施，也就是一个公司中代理人的角色；②从管理的角度来讲，在董事会下会有院长负责制定学校的规定和政策，董事会在此时扮演着委托人的角色。所以这也是D院长一般不授课的原因，一个庞大的学校，人员众多，事情繁忙，不能抽身授课也是情理之中。

D老师作为独立学院的院长,即是老师,也是一院院长,更是委托方,承担着学院的整个运营过程中的正常操作,也有让学校保值的责任。教材在院长的理念中是提高教学质量的保证,也是提高学生成绩的基础,毕竟学生的学习和教材是分不开的。在教材的统一问题上,院长要和董事长达成一致,甚至董事长会整合材料统一汇报整个集团,得到集团的认可,便可以达到教材的统一。这里面既有集团认可的已出版教材,也有可以从自己院校教师中发掘出的特色教材。

按照常理来说,作为学校的最高级别领导——院长,整合教师的教材是理所应当的事,期初是不被学院的老师所认可的,也不满意院长这一决定,觉得学校剥脱了教师教学的自由和权利。一方面,D院长通过教务处来制定相关的章程,在学校选择教材之前,会让各教师提出意见,争取所有教师的意见之后,选出最优的意见进行选购,但是真正决定权并不在教师,也不在院长,而是在董事会;另一方面,D老师积极开展统一教材建设,主要是为了能在全国院校中脱颖而出,有该学院自己的特点。从教材的定价、装帧设计、教学理念等,再到节约成本,都是为了学校的正常运营和学生的学习情况,院长并不一意孤行。在编制教材方面,也是鼓舞教师,并进行绩效加分,减少教师对院长的偏见和怨言,同时极大地增强了教师参与教材编写的积极性。

二、教学内容与课程资源建设标准考察

(一)课程资源考察要点

课程资源考察包括3个要点:课程建设规划与执行;课程的数量、结构及优质课程资源建设;教材建设与选用。

课程资源在这里包括了课程、教材内容、网络资源、网络宣传、学科的分类、科研资源、教辅等,都是课堂教学及其他教学活动的基础。如果想要知道一个学校是否加强了课程资源的建设、课程资源建设是否科学合理等,是要通过实际的考察和实践过程进行考评的。考察的课程既包括理论课程,也包括实践课程;教材的选用在于适应本专业的培养目标,有科学的教材评价与质量监管机制,并非全部选用获奖教材就代表高水平。

(二)课堂教学考察要点

课堂教学考察包含4个要点:教学大纲的制定与执行;教学内容对人才培养目标的体现;教师教学方法,学生学习方式;考试考核的方式方法及管理。

课堂教学是学校人才培养的主渠道,是提高教学质量的关键环节。考察时要

关注学校是否对每门课程都制定了课程大纲并能够严格地执行，各门课程的教学内容能否满足服务于人才培养的目标；学校是否积极促进科研成果转化为教学内容，真正做到科研服务于教学；是否重视备课、讲授、讨论、作业、答疑、考试等各个环节有质量；是否真正落实了"高教三十条"提出的推进教学方法的创新的要求；课堂教学过程中是否体现了以学生的学习为中心，是否积极推进对多媒体课件使用效果的评价，充分发挥网络优质教学资源的作用，提高教学质量。

三、典型课程建设与管理

典型的课程建设是实时更新的，为了适应社会和经济的发展，更是为了人类文明的发展。典型课程的建设与管理也是一项非常困难的工作，为了能阐述得更清楚，这里以网络课程建设为例进行分析。[①]

（一）精品课程设置

1. 精品课程网站建设的背景

精品课程网站是在社会经济的发展以及积极贯彻落实党中央深化改革，推进教育创新的时代要求下应运而生的。为了满足祖国的需要，也为了让祖国变得更加繁荣富强，精品课程网站的建设很有必要而且意义重大。

2. 精品课程网站的建设目标和要求

精品课程网站要结合专业特色和人才培养的目标进行专门设计和制作。精品课程网站的建设必须符合精品课程都是一流的。网站的功能和内容都需要有专业特色的体现，版面清晰美观，导航清楚有逻辑，功能齐全整洁，这些都是精品课程网站建设的目标和要求。

精品课程网站的建设必须符合"以服务为宗旨，以就业为导航"的大政方针，提高教学质量，改革教学内容，建设能够适应新形势的现代化教育课程，让精品课程网站具有模范作用，更好地体现精品课程的先进性和示范性。

3. 精品课程网站的建设内容

第一，精品课程网站界面的设计。一般来说，课程界面应该提供多套模板备用，界面可以根据需要随意调整和切换，用户也可以根据自己的喜好随意选择模板，每套模板至少要做到导航清晰、版面美观大方、简洁实用。

第二，在精品课程网站的建设过程中，课程栏目需要能灵活增加和删除。课程介绍栏目要注明每一门课需要学习多少课时，以及是基础课程或升级课程等。

---

① 朱欣欣. 教师教育教学能力构成的研究[J]. 教育评论，2004（5）：61-62.

教师队伍栏目下，教师团队要按照学历、资历和教学水平、特长等综合能力进行细致的阐述和排名。

在线答疑也是必有的栏目。网络的互联互通，在线答疑解决了有问题而找不到老师的窘境。在线答疑也解决了地域的制约和时间的制约。精品课程的网站建设还需要能够保存学生的学习记录，以及学生问过的问题，然后根据学生的特殊情况，进行有针对性的辅导。

第三，把课程负责人提供的资源和栏目设置等上传服务器。当然，这需要专业的运营人员进行编辑和优化后再传到网上。

第四，完善的后台管理系统。要做到用户的信息与学院中心的数据有效对接，还能自动备份课程资料。

第五，精品课程网站的验收。这需要专家对网站建设功能等进行评审和验收。

第六，建站后期的运营和维护。建站完成后可以让运营人员进行维护，也可以让建站公司提供后期服务和技术服务，但后者需要付费。

（二）MOOC在我国的发展及展望

1.我国高校MOOC建设中的认识与思考

MOOC从被提出到迅速在全世界范围内发展，对高等教育改革具有深远的意义与影响，它实现了信息技术与教育教学的紧密结合，提供了一种新的知识传播模式和学习的方式，以前所未有的"大规模、开放式"使得个性化的学习成为可能，使得不同人群共享优质教育资源，促进终身学习成为可能，使得加快实现高等教育普及化、促进教育公开也成为可能。

MOOC的产生与发展，倒逼我国高校必须走以质量提升为核心的内涵式发展道路，深化教育教学改革，创新教学方法、手段和人才培养机制，不断满足人民群众接受高质量、多样化、更加公平的高等教育的需求。MOOC的产生与发展促进了高校教学方式的变革，其对高等教育的影响不仅表现为对高等教育提出的挑战与推进变革，而且也为与传统高等教育融合和结合提出了多种可能。一定意义上说，MOOC正在促进高等教育教学方式方法和学习方式方法的变革，朝着教学方法的混合化、教学资源的开放化、学生学习个性化和学习过程社会化方向转变。

MOOC具有传统教学方式不具备的优势：一是能最大限度地增加一流教师的授课对象；二是能丰富教学的手段、增强教学的吸引力；三是能调动学生参与、促进教学互动，使用MOOC可开展"翻转式教学"；四是能促进学生自主学习和个性化学习，做到个性化学习服务；五是能摆脱教学时间的束缚。MOOC正与传统教学融合与结合，目前主要的方式有以下三种：

一是平行式。MOOC作为传统课程教学的拓展和补充，不影响已有的传统教学。

二是替代式。学生学习MOOC，取得证书与学分后可替代学校内的相应课程的学分。

三是混合式。在传统教学的过程中嵌入或者引用MOOC作为课程的部分教学资源。

2. 我国大学推进MOOC课堂教学实践中应关注的几个误区

我国大学推进MOOC课堂教学实践中应关注的几个误区如下。

（1）所有学校都在网上开设MOOC课程。MOOC是在一个时间段，由一个教学团队在网上开设课程，并按照教学要求完成一个教学环节，它对课程建设基础、师资水平、网络技术水平和平台服务水平都有着较高的要求。所以，在我国建设MOOC课程时，建议部分有基础、有能力的高校建设适应教育教学需求和信息技术发展的高质量课程资源，并将这些高质量的课程资源通过资源共享平台及时地输送到其他高校，有效实现优质资源共享与应用。其他大部分的高校主要是借鉴与运用MOOC先进的教学理念，采用翻转课堂教学、混合式教学等教学方式来共享课程，推动本校教学模式的改革，既能充分体现出MOOC的五大优势，又能实现降低教育成本，切实促进教育教学改革，提高教学质量和学习效率的目的。

（2）所有课程都做成MOOC课程。目前的实践显示：纯粹的"人机对话"模式不利于提高学生的综合素质，其质量与传统教育相比存在较大的不足，美国MOOC教育在实践过程中开始暴露一系列问题。如由于其课程教学的强制力不足，导致教学的效果被打折扣；教学缺乏面对面互动的课程，导致教师认可度较低；配套建设的滞后（如网络教育区域发展的差距、知识产权保护机制的不完善等）制约其长远的有效发展。

（3）充分运用先进信息技术的课程就是优质课程。先进信息技术的应用只是为课程建设提供了便捷的技术手段，但如果缺乏深厚的课程建设基础，缺乏优质的课程团队支撑，缺乏高质量的教学内容，不按教育教学的规律实施教学，无论使用多么先进的信息技术来构建MOOC课程，也不会被高校、学习者与社会认同。

美国和其他西方发达国家的MOOC课程建设，特别是通识课程的建设大都代表着西方的价值观和取向，在我国高校建设MOOC课程切忌丢掉高等教育教学传统的教学优势、特色和做法，照抄照搬，盲目效仿；我们要深入研究Massive、Open、Online、Course的内涵，明确我国国情下中国大学MOOC建设的特色定位与做法。

3. 我国大学MOOC建设的目标与定位

全国高等学校教学研究中心在"爱课程"网中国大学MOOC平台建设运行实践中认为，中国大学MOOC的建设理念为：在"扎根中国大地办大学"的进程中，建设适合中国国情、具有中国特色的中国大学MOOC，要深入思考、解析与明确建设中国大学MOOC（高等学校在线开放课程建设）的目标、定位。

建设目标：深刻认识MOOC突破了传统课程对时间和空间的限制的实际意义，在充分运用国内外优质课程资源的基础上，运用信息化手段把传统课堂与在线课程有机融合，在大力推动翻转课堂和混合式教学中创新课堂教学模式，改进教学方法，建设更多中国特色MOOC，提高教学质量；展现我国高等教育成就，传播我国优秀文化，大力培育和践行社会主义核心价值观，推动我国高等教育更加开放，增强中华文化国际影响力。

建设定位：服务在校学生、提高教学质量、惠及社会学习者。

4. 我国大学MOOC平台

中国大学MOOC平台是"爱课程"网的重要组成部分，预计有6000门以上课程陆续上线，是一个大平台，随着中国大学MOOC平台的上线，"爱课程"网基本完成了中国大学视频公开课、中国大学资源共享课、中国大学MOOC课程、中国大学集成创新课，以及高校课程应用平台的整体部署。中国大学MOOC平台是自主研发平台，平台由"爱课程"中心负责、设计，充分考虑到我国高校教师教学习惯和精品资源共享课建设成果，兼顾学校教学管理需要，软件由"爱课程"中心和网易公司共同开发，充分发挥网易在互联网与在线教育两个领域的领先优势和特长。中国大学MOOC平台深入研究和借鉴了国外主流MOOC平台的特点和优点，形成了自己的教学活动管理特色。其教学内容发布、教学活动管理、学习成绩管理、学习记录与大数据分析、证书发放等各个环节，均不逊色于任何一个国外平台。同时，具有国外MOOC平台不具备的在线同步（直播）课堂功能，平台的互联网服务（带宽和并发访问量）能力是世界一流的。

（三）SPOC 的建设与管理

MOOC 具备远程教育的优势，传统课堂能够弥补 MOOC 无法面对面交流和进行实践活动的缺点，将 MOOC 与传统课堂进行有机融合与结合是 MOOC 可持续发展的途径之一，MOOC 重要的发展趋势就是转变为课堂教学工具，也就是进入 SPOC 时代，将传统的"课上听课，课下答疑"翻转为"课上讨论，线上学习"。

1.SPOC 的概念

SPOC 翻译过来的名字为"小规模的在线学习课程"，在我国一般会说"私播课"。其中，"S"和"P"分别是 Small 和 Private，是相对于 MOOC 而言的。Small 在这里指的是小规模，一般是几十人，最多是几百人的学生在听课。Private 在这里并不是私人的，而是对学生的限制性条件，达到要求的申请者才能进入，并成为会员。

SPOC 建设，开始对教师有了新的定义，对教学模式也有了一定的创新。首先，我们不以 SPOC 课程建设点阐述，先从 MOOC 开始阐述。MOOC 使得教师有机会服务于全球，在专业的领域里有一定的知名度。其次，SPOC 课程可以让教师更自然、更好地回归于校园，因为有了环境作为依托，让学生可以自由地倾听课程。在上课前，教师是课程资源的学习者和整合者。教师们会在课前把所讲授的知识点提前学习和整理然后再授给学生。在课堂上，教师扮演着指导者的角色，督促着学生。他们讲解完每个知识点之后，会组织学生研讨，随时为学生提供指导，和学生一起共同解决遇到的难题。

SPOC 创新了课堂教学的模式，让每个学生都积极地参与到学习的过程中，使得学生从被动的学习态度转为积极的学习态度。

2.SPOC 的优势

随着 MOOC 平台、线上课程与学生注册人数的迅速增多，MOOC 课程的质量危机越来越突出。香港大学苏德毅教授分析了 MOOC 的发展优势与存在的不足，指出了"不设立先修条件、没有规模的限制"是 MOOC 的发展优势，但也是其发展局限。不设立先修条件，学习者的注册率高，但学习者的知识基础参差不齐，能够坚持完成的比率较低，影响学习者的学习自信心；同时，由于多数学习者不能按既定要求完成学习任务，也影响教师的教学积极性。MOOC 对学生来讲是完全免费的在线教育，但对学校来讲却需要支付课程制作费、教师工作薪酬、平台使用费等多项费用，难以持续发展。另外，部分授课教师的授课方式未能完全符合 MOOC 的理念，上线的课程有部分是用先进的信息技术新加工的教学材料，授课的质量受到一定的影响。当前，MOOC 对大学实体课程的影响较小，所以，加州大学伯克利分校等开始跨越 MOOC，尝试小而精的 SPOC 模式。

SPOC 在以下几方面优越于 MOOC：

第一，SPOC 在推动大学对外品牌效应的同时，促进了大学校内的教学改革，教学质量也不断提高。SPOC 最大的优点就是节约了教师的大量时间，可以让教师有精力、全身心地投入教育事业中。SPOC 课程不但灵活，而且很能活跃学习气氛，使得大学教育质量不断提高，学生成绩不断上升。

第二，SPOC 为 MOOC 提供了可持续发展的模式，成本较低，可创收。

第三，SPOC 创新了教学模式，重新定义了教师的作用。SPOC 让教师重新回归校园，成为课堂的真正掌控者。课前，教师要根据学生的需求整合各种线上和实体资源；课堂上，教师组织学生分组进行研讨，为学生提供个性化指导，共同解决遇到的问题。SPOC 创新了课堂教学模式，激发了教师的教学热情和课堂的活力。

第四，SPOC 增强了学生的学习动机，为学生提供了深入学习体验的机会，有利于提高课程的完成率。

第六章 加强高校教学质量管理

第一节 高校教学质量管理概述

"教学质量"是 2013 年公布的教育学名词。从根本上来说，各级各类学校一般都拥有其自身的一套教学质量管理机制，以确保其教学工作的顺利开展。在这里，本书所谈及的与教学质量管理相关的背景因素，即进行教学质量管理所处的环境相关的因素。

纵观世界各国的学校教学事业的发展，我们可以发现，大多数国家的学校教育普遍得到了长足的发展。在当代社会中，学校教育的发展愈加国际化、世界化，学生以及教职工的流动性变得更大了，这也就给资格证书的一致性和课程的国际化提出更高的要求。

在当前阶段下，世界上一些国家的政府为了削减用于学校教育方面的财政拨款，调整了相关的拨款方式，促使其国内各级各类学校不得不想方设法地去拓展学校发展资金的来源与方式。从本质上来说，这种变化常常随着政府控制学校教育的机制的变化，其意味着更多的学校自主权、更激烈的竞争以及更加频繁的效能核定。在大多数国家里，教学质量管理及其评价的引入，被看作这些变化中的重要部分。

就学校自身而言，世界各国都有自己独特的学校教育体系。由于学校之间存在着层次之分，教学质量自然而然会引起人们的重视。特别是当前信息高度发达，教学资源共享程度日益加强，学校之间的竞争也日趋明显，争取生源的现象日趋普遍。因此，各级各类学校普遍把教学质量摆在了工作首位。

一、质量管理的发展概况

（一）早期的质量管理

在人类社会中，质量管理的起源非常早。在人类历史上出现手工业生产时，就已经有了相应的关于质量管理的实践活动。据《周礼》记载，战国时期就有命百工审查五库（当时国库分为车库、兵库、祭库、乐库、宴器库）器材质量的情况。由此我们可以看出，我国在古代时就十分重视产品的质量了。质量管理的实践活动虽然产生得很早，可是在人类社会生产过程中能够有意识地实施现代质量管理活动的三个基本环节（设计、生产、检验）则仅仅只有几十年的短暂历史。

（二）现代质量管理的发展

1. 国外质量管理的发展

1924年，美国贝尔电话公司的贝尔实验室首次把质量管理当作一门专门的科学来进行研究。贝尔实验室的实验室人员——休哈特发明了质量控制图，这标志着人类社会中质量管理的正式开始。

20世纪初期，为了适应工业自动化、机械化、标准化的实际需要，人们在质量管理实践中逐渐引进了工业工程学、系统工程、现代概率论、价值工程、运筹学以及电子计算机技术等最新的研究成果。1961年，费根堡姆出版了《全面质量控制》一书。后来，各行各业中的质量管理活动不断得到改进，其效益也更为显著，这不但提高了产品的质量、扩大了经济效益，同时也还提高了劳动生产率，减少了必要的劳动时间，提高了服务的质量。

从质量管理的发展过程来说，其大致先后经历了质量检验、质量统计、全面质量管理这三个阶段，并且在世界上形成了以美国为发源地的欧美体系、以日本为中心的体系、以苏联为中心的苏联东欧体系等三大体系。在这三大体系中，以日本为中心的体系最为先进。

在大多数发达国家，质量管理已然扩大到了相当广泛的社会生产领域中。在日本，质量管理被称为"全面合理化运动"。20世纪50年代，日本经济尚处于十分困难的时期，可在短短几十年时间内，日本就一跃成为世界上一流的经济强国。其中，一个非常重要的原因，就是日本从20世纪50年代开始，注重纠正原有的"重技术、轻管理"偏向，并创造了一种以产品质量和服务质量为中心的、管理工作现代化的具体方法。例如，日本在交通运输领域进行质量管理，从而有效地保证了东京上千万辆交通工具的行使秩序，真正做到了速度快、时间准、事故少。又如，在环境保护过程中，日本也采用了质量管理方法，严格控制工厂绿化面积占工厂总面积的20%，并且定时定点进行监测，有效地控制了环境污染的现象。

美国著名的质量管理权威裘能说过："没有管理，先进的机器就会变成一堆废铁。"也有人认为，如果想要进行现代化生产，那么就必须三分靠技术、七分靠管理。在学术界，越来越多的管理学家将管理、科学与技术并称为"现代文明的三鼎足"。当然，这种认识观念，都是他们的经验之谈。而伴随着社会的不断进步和经济的发展，我国也有一些人逐渐认识到管理的科学化、现代化，是组织现代化大生产的核心支柱之一，同时也是我国实现国民经济又好又快发展的一个关键所在。

在一些发达国家，质量管理已然形成了一门专业。1956年，世界上成立了质量学会；1978年，中国质量协会成立。各国因实行质量管理所取得的成就引起了许多经济专家和企业管理人员的浓厚兴趣，同时也引起了更多的教育专家和学校管理人员的兴趣。针对教学质量合理开展的科学研究，也是由此时开始的。教学质量管理作为一门新兴的学科，要求教育者应顺应历史发展的浪潮、根据各自国家的实际情况，让摸索出来的较为成熟的管理经验、管理制度逐渐科学化、系统化。

2. 我国质量管理的发展

事实上，早在新中国成立以前，质量管理就与学校管理学、教育行政管理学等一起传入我国，有的高校教学管理系还曾经开设过这门课程。但是，在20世纪50年代，由于苏联学术界对管理科学展开的一次论战，将起源于美国的质量管理学当作伪科学进行了严厉批判，从而致使这门学科成为无人问津的禁区。

在党的十一届三中全会召开以后，我国的工作着重点转移到经济建设方面，质量管理在我国开始受到了高度重视。在我国，质量管理首先应用于工业领域，然后逐渐推广到社会生产的各行各业中。在这一时期，质量管理还作为实行科学管理的中心环节被重点关注。国务院决定，把每年九月作为"质量月"，并采取了很多提高质量的具体措施。这也是我国政府在社会主义现代化建设过程中，高度重视质量管理工作的一个标志。

二、教学质量管理

所谓教学质量管理，就是指对形成教学质量的全过程以及各个环节进行管理，同时将有关人员组织起来，另外还要将影响教学质量的多种因素进行调控，从而保证在形成教学质量的过程中减少差错，并且逐渐提高教师教和学生学的质量。由此我们可以看出，进行有效的教学质量管理是提高教学质量的一个重要途径。

在当代社会中，越来越多的人开始认识到，教学质量不是通过较高的考试分数出来的，而是教师教出来的、学生学出来的。从这个角度来看，对于整个教学过程的管理就显得尤为重要。教学过程以及青少年身心健康发展的客观规律表明：如果平常对教学工作不够重视，不注意对教学质量形成过程的科学管理，而是不计后果地进行假期补课、加班加点，那么不但会极大地加重师生的负担，还会对师生的身心健康造成不良影响，也无益于教学质量的真正提高。

客观来说，教学质量的形成与产品质量的形成有着本质上的区别，考试也不能等同于产品的事后检验。然而，工作质量决定产品质量的基本原理，对生产和教学则是通用的。从这个角度来看，教学质量管理的重点应当放在平时的形成教学质量的全过程以及各个环节之上，而不是放在考试之上。

三、教学质量管理的内容与分类

（一）教学质量管理的内容

教学质量管理是一个复杂的系统。具体来说，要做好教学质量管理工作，必须做好以下几个方面的工作：

第一，要对学校各个职能部门、各个教研组、各个班级的教学质量管理实施状况进行定期或不定期检查，以便对影响教学质量的各种因素进行有效的调控。

第二，在教学质量管理的具体实践操作中，必须做到及时发现、总结、交流、推广先进经验，同时表彰先进模范，督促后进。

第三，对于形成教学质量的情况，需要做到心中有数，依靠数据说话，而不能仅仅停留在用个别的案例来说明问题的水平上。

第四，在每学期开学前，教学质量管理人员要在总结上学期经验的基础之上，提出下一学期各科教学质量的具体要求，并制订相应的实施计划。

第五，在每个学期末，每个教师都应当根据学校的要求进行教学质量分析；分管教学工作的相关单位及各教学单位每学期至少对一门课程的教学质量做典型案例分析，还要在总结经验的基础之上，研究相关的改进措施。

第六，进行相关教育宣传，积极做好思想工作，发挥全校教职工的智慧，提高他们的教学质量意识，做到每位教师关注教学质量管理，并且能够积极主动、认真负责。

第七，建立健全教学质量管理体系，由各校分管教学工作的校长（副校长）负责，将形成教学质量的人员集中组织到教学质量管理体系当中来，从而各尽所能，各司其事，让信息渠道保持畅通。

第八，在教学质量管理的过程中，可能会发生一些矛盾，相关领导及部门必须负责协调各方面之间的关系，处理好工作当中的各种矛盾。

（二）教学质量管理的分类

根据教学质量管理业务范围的不同，我们可以将其分为预防性质量管理、鉴定性质量管理和实验性质量管理三种类型。其具体内涵如下所述。

1. 预防性质量管理

这里所说的预防性质量管理，就是指各级各类学校的教务管理部门、院系教学负责人、教研组长等通过定期或不定期的抽样调查，了解教师的备课、上课、批改作业等的质量，了解学生预习、听课、复习、作业等方面的质量。不仅如此，他们也要从中总结经验，及时进行推广，研究解决所出现的问题。这样的预防性管理，能够防患于未然，也可避免教师与学生在各类考试之前再去"亡羊补牢"。

通过预防性质量管理工作，如果在教学过程中发现某些不合理的地方，也能够及时得以研究解决。这样可以有效防止或减少教学中的倾向性问题的发生。由此可见，预防性质量管理是提高教学质量的一种可靠途径。

2. 鉴定性质量管理

所谓鉴定性质量管理，是指对到了一定阶段的教学活动进行的质量检查和质量分析，因此其又被称为阶段性质量管理。如新生入学时，有的学校会进行摸底测验或者编班测验，从而及时地了解学生在上一个学段完成学习的情况，并且进行一定的补缺补漏。这就可以属于阶段性质量管理。另外，每个学年对学生德智体美的全面发展情况进行相关分析评定，也可以属于这一种管理；而对毕业班学生德智体美全面发展的情况进行质量检查和质量分析，总结经验教训，也是此种管理。

鉴定性质量管理不仅仅是提供一个对于教学质量的鉴定结果，其更主要的作用在于要求管理者和教师要做到信息全面、注重过程，尽量避免千人一面的虚假鉴定。

3. 实验性质量管理

在教学质量管理过程中，有一部分工作还需要经过科学研究和科学实验验证，即实验性质量管理。如果最终证明是切实可行、行之有效的,才可以逐渐推广开来。这样能够提高教育工作者的自觉性,减少盲目性,使其遵循客观规律办事。

在现代社会中,学校是一个提倡开拓创新的阵地,不同的学科、不同的专业有许多课程都可以尝试新的教学方法。目前许多学校都提倡教师广泛进行实验性教育教学改革。在这种学校教学发展趋势下,各级各类学校的教务管理部门及各院系、教研室都应鼓励、指导教师开展实验性教育教学改革工作。

四、高校教学质量的特点

对于一所高校而言,要想有效地实施教学质量控制与管理,就必须首先认识到教学质量的性质与特点。从根本上来说,教学质量就是一所学校所培养出的人才质量。而人才作为学校的"产品",与物化部门的产品质量相比是有本质区别的。以下就是高校教学质量所体现出来的特点。

(一)内隐性

一般来说,工业生产的质量可以通过其产品的质量来进行检测。例如,对于生产出来的玻璃砖,可以通过技术手段检测其承压力、透明度、光滑度、耐磨度等,以检测结果来反映玻璃砖的质量。但是,对于培养人才的教学活动的质量,就难以做出这样明确的、直观的判断,也难以用某种具体的技术手段测量出结果,尤其是人的政治思想、道德品质、心理素质等方面更是难以量化。由此可见,教学质量具有内隐性的特点。

(二)综合性

教学质量的综合性是针对教学质量的影响因素来说的。学生是社会中的人,其始终是在开放的社会环境下成长的,因而影响学生质量形成的因素十分广泛复杂,其不是学校单方面就可以控制的。具体来说,学生身心发展质量的形成是遗传、环境、教育以及学生自身主观努力等多种因素交互作用、耦合而成的结果。从这个角度来看,教学质量具有综合性的特点。

(三)不可贮存性

物质产品的质量可以通过一些技术手段的处理,如控制空气、温度、湿度等外在条件,而相对地能够存贮和保持更久的时间。但是,人的质量却不能这样贮存。

客观来说,影响人的存在的因素具有开放性、广泛性和变化性的特点,因此,人的身体、思想、观念、心理、知识、技能、智力、品德等都处在一个不断发展变化的过程中。当人所处的环境发生变化时，人自身也会随之而变。因此，人经过一段时间教育培养和环境影响所形成的人的质量与物质产品的质量是有着本质区别的，它不具有贮存性，不可能一成不变地被封闭或贮存起来。

综上所述，我们可以看出，教学质量具有不可贮存的特征。具体而言，学生们已经形成的品质不可能被贮存起来，不再发生变化。

（四）灵活性

教学质量的灵活性是针对教学质量的形成过程而言的。教学质量的形成是没有固定单一的模式可以遵循的。教育者必须针对不同学生的年龄特征和个性特点，机动灵活、有的放矢地因材施教。正因为如此，整个教育教学过程就充满了创造性和灵活性。

教学方法是多种多样的，但并不存在一种适合任何教学情境和教学内容的教学方法。从这个角度来看，如果教师能够恰当灵活地选取适当的教学方法，就更容易取得良好的教学效果。

综上所述，我们可以看出，教学质量的形成并非只有固定、单一的途径。从复杂性理论的视角来看，教育是人类社会特有的更新再生系统，是一个由有序性和无序性、线性和非线性、理性和非理性相互交织而构成的复杂的巨系统。在教学质量的形成过程中，同一种方法可能会引起不同的结果，不同的方法也可能会导致同一个结果。[①]

五、高校教学质量管理模式

一般来说，按照不同的质量目标、质量标准、质量方针以及其实施策略等，可以将高校教学质量管理模式分为不同的类型。当前，各级各类学校教学质量管理模式主要有教学目标管理模式、全面教学质量管理模式、走动式教学质量管理模式等。在实际的教学管理过程中，学校管理者应当从本校发展的实际情况、本校教学所遇到的实际问题、本校发展战略等出发，选择适合本校实际情况的教学质量管理模式。

（一）教学目标管理模式

20世纪60年代，目标管理的概念开始被引入学校教育领域。所谓教学目标管理模式，就是指以学校教学所预期的最终成果为标准，并以目标责任制的方法对学校的教学工作的质量进行科学的考核和有效的监督，从而激发学校管理者和

---

① 谷陟云.高校教育质量文化研究：脉络梳理与路向展望[J].高教探索，2021（5）：26-33.

广大教职工的工作积极性，最终提高教学质量的管理模式。教学目标管理模式的核心是设定教学目标。对于一所学校来说，教学目标管理工作主要包括以下九项：论证决策、目标分解、定责授权、咨询指导、检查控制、调节平衡、考评结果、实施奖惩、总结经验。①

1. 教学目标管理模式的基本特征

从本质上来看，教学目标管理模式具有以下三个基本特征。

（1）重视教学质量管理过程中人的因素。教学目标管理模式是一种民主的、参与的、自我控制的管理模式，同时也是一种把个人需求与组织目标结合起来的管理模式。在这种教学目标管理模式之下，上级与下级的关系往往是平等、尊重、依赖、支持的；下级在承诺目标和被授权之后是自觉、自主和自治的。

（2）重视建立目标体系和责任制。在教学目标管理模式下，管理者一般是通过一定的设计将学校发展的整体目标逐级分解，从而转换为各班级、学科、各个教师的子目标。在对教学目标进行分解的过程中，管理者必须明确教学过程的权、责、利，同时各个子目标必须保持方向的一致性，做到相互配合，形成协调统一的目标体系。

（3）重视教学成效。教学目标管理模式必须始终围绕目标来进行各项教学工作的管理。它以制定目标为起点，并以教学目标的完成情况为评价的终结，同时按照每个教职员工所完成任务的程度、情况等而进行考核与奖惩。在这个过程中，管理工作必须始终围绕教学成效这一重要内容。

2. 教学目标管理模式的实施策略

（1）建立目标体系。所谓教学目标管理模式，就是指学校所有的部门及所有成员致力于实现总体目标，并在实现总体目标的过程中实现各个部门的具体目标和个人目标的范式。因此，实施教学目标管理模式的首要的就是建立一个完善的目标体系。

从整体上来看，学校的教育目标可以被分为四个层次，其从高到低分别为以下几个层次：

第一个层次是国家的培养目标，即培养全面发展的、符合社会发展需要的人才。

第二个层次是学校的培养目标。

第三个层次是各个专业、各学年、各学期的培养目标。

---

① 张东娇，徐志勇，赵树贤.教育管理学[M].北京：高等教育出版社，2011：216.

第四个层次是单元、课题、课时的教学目标。

总而言之，学校管理者必须真正明确上述这样一个目标层次，才能与教师一起积极投入目标体系的建构之中。在建立目标体系的过程中，管理者还应当与教师一同制定相应的工作规范和工作质量评价方法，以使教学工作得以规范化、制度化、标准化。

（2）实施人本管理。在现代社会中，教学目标管理应该遵循人本管理理念。具体来说，教学目标管理必须重视教学过程中人的因素，在设定了科学、客观的教学目标之后，还应当重点实施过程中的人本管理，即充分调动教师依照目标进行自我管理的主动性、积极性。

除此以外，在实施目标量化评估的过程之中，学校管理者须做好教师的思想工作，注重教师的内在需求，激发其工作的主动性、积极性。

（3）完善管理机制。目标管理的一个基本原则，就是以所设定的目标为基本参照，适时监督和反馈教学任务的完成情况，以实施动态的教学管理。从这个角度来看，学校管理者应当努力建立健全高效、公正的管理机制，对教师完成任务的进度和质量进行公平、公正的考核，随时考察目标管理活动的运行状态是否与确立的目标体系相符。

（4）实施发展性评价。顾名思义，发展性评价就是一种旨在促进被评价者不断发展的评价方式。在实施教学目标管理的过程中，虽然注重行动的结果十分重要，但一定不能因此而忽视行动的过程。这就需要管理者积极运用发展性评价。具体来说，要在教学目标管理工作中实施发展性评价，管理者须做到以下几点：

第一，对于教与学的考核评价不但要看学生学习的整体情况，同时更要具体分析学生取得的进步以及取得进步的原因，并针对每个学生实行增值性评价。

第二，针对不同水平、不同特点、不同专业的教师采用完全不同的评价标准，以便于形成不同水平层次的教师自信、自律、自强的良性循环。

第三，动态跟踪教学过程，并充分运用所收集到的数据资料来对教学过程进行灵活调控。

（二）全面教学质量管理模式

20世纪50年代末，全面质量控制之父费根堡姆和质量管理专家朱兰提出了"全面质量管理"的概念。全面质量管理的基本含义是全体人员参加质量管理，实行生产全过程的质量管理，对产品的各个方面进行质量管理，因此也称为"三全"质量管理。全面质量管理高度重视人力资源的开发和利用，强调在尊重人的前提下，注重战略规划、全员参与、团队精神和协调工作，其目的在于通过顾客满意及本组织所有成员受益而达到长期的成功。到了20世纪60年代，全面质量管理理论成为西方管理学界非常流行的一种管理理论。

在当代社会中，随着社会的不断进步与发展，全面质量管理理论已经被应用到了教育领域。于是，全面教学质量管理模式就出现了。

1. 全面教学质量管理模式的特点

全面教学质量管理模式的特点集中体现为教学质量管理和控制的全面性，这主要体现在以下三个方面。

（1）重视全员管理。全面教学质量管理涉及教学系统内的每一个成员，是全员性管理。全面教学质量管理模式非常重视全员管理。人的主观能动性及潜能的发挥，是质量制胜的关键。

对于学校管理者来说，其必须充分挖掘每一名教师和学生的潜在力量，使教师的主导作用和学生的主体作用得到充分发挥。同时，管理者还应当为每一名教师制定出明确的质量责任，要求他们对自己所做的工作负责。

（2）重视工作全局管理。客观来说，教学质量管理涉及教学工作的方方面面，是对教学工作全局的管理。因此，全面教学质量管理模式非常重视工作全局管理。具体来说，其要求管理者不仅要妥善安排好以教学为中心的各项学校内部工作，建立教学工作协调机制，避免工作中的冲突和摩擦，减少教学管理中的内耗等，还要综合分析家长状况、社区背景以及地方教育行政管理状况等因素，争取家长、社区和教育行政部门的理解和支持，为提高学校的教学质量提供良好的外部环境保证。

（3）重视教学全程管理。全面教学质量管理涉及教学工作的每一个程序，是对整个教学过程的管理。在全面教学质量管理模式下，教学管理者要充分注意每一个教学环节，只有各个教学环节的质量上去了，学校教学的整体质量才能得到充分的提高。

在教学全程管理中，学校管理者应建立一套完善的激励和监控制度，根据教师的能力与专长、所教学科的特点以及生源质量等方面的因素，有针对性地提高各个教师在教学过程各环节的工作积极性和工作质量，实现教学过程的最优化。

2. 全面教学质量管理实践

在实施全面教学质量管理模式的过程中，学校管理者应当着重抓好影响教学质量的各个因素、各个环节和各个方面。具体而言，管理者要做好以下几个方面的工作：

第一，不断推进教学手段、方法和设施的改进与完善。

第二，做好学生的预习、听课、复习、作业和考试。

第三，做好教师的备课、上课、课外辅导、作业批改、考核评定等工作。

第四，做好教学工作中的计划、组织、实施、检查和总结等工作。

第五，不断强化广大教师的质量责任意识，增强他们为提高教学质量而不断做出努力与探索的主观能动性和创造性，并从管理制度层面使各个部门和各个成员都明确自己的质量责任目标，并各司其职。

（三）走动式教学质量管理模式

1982年，美国管理学者彼得斯与沃特曼出版了《追求卓越》一书。在该书中首次提出了走动式管理的概念。所谓走动式管理，就是指管理者不应当仅仅局限于办公室的空间，而应当深入基层、到处走动，以了解更丰富、更直接的员工工作问题，并及时找出解决所属员工工作困境的策略，最终提高组织的工作绩效。

1. 走动式教学质量管理的含义

根据走动式管理的概念，我们可以引申出走动式教学质量管理的概念，即通过学校管理者直接与一线教师的接触和了解，收集最为直接有效的学校教学信息，以弥补学校正式组织渠道方面的不足。

从整体上来看，学校教学管理系统是一个层级的结构，上情下达与下情上达都要经过一系列复杂的组织环节，而信息每经过一个环节都可能会有所衰减。走动式教学质量管理有助于弥补正式组织中信息传递时出现的信息衰减等问题，并且能够帮助学校管理者在第一时间发现学校教学中存在的问题，从而通过及时沟通，尽早发现并解决问题，最终提升教学质量。

2. 走动式教学质量管理的实施要点

在实施走动式教学质量管理模式时，学校管理者必须重点做好指导与协助这两个方面的工作。

（1）指导。在走动式教学质量管理中，学校管理者扮演着指导者这样一个角色。因此，其必须放下自身居高临下的领导者地位，切实去指导教职员工做好各项教学工作。当发现一些教学工作中的问题时，要能够平心静气地帮助教职工人员查原因、找症结，并给予必要的指导，而不是大呼小叫，指责或惩罚出现问题的人。

从根本上来说，走动式教学质量管理就是要通过有意识地指导、引领的方式来进行，而不应以简单粗暴的命令形式来干涉，甚至是剥夺教师的教学自主权的方式来解决问题。

（2）协助。在走动式教学质量管理中，学校管理者除了要给予教师一定的指导外，还应当为教师的各项教学工作提供必要的协助。从本质上来说，实施走动式教学质量管理的关键在于通过获得真实信息，与教职员工共同分析和解决问题，提高学校教学管理的效能。因此，当教师遇到问题需要解决时，学校管理者要作为教师的参谋，在充分信任和发挥教师自主权的前提下，协助教师及时、有效地解决问题。

3. 走动式教学质量管理的原则

学校管理者在实施走动式教学质量管理时，必须遵循以下几项基本原则。

（1）直接接触原则。这里所说的直接接触原则，就是指学校管理者在走动式教学质量管理中要保持与教师、学生的直接接触。具体来说，就是学校管理者不能仅以办公室为其活动区域，还要经常到教室、操场、食堂、宿舍等处走动。从某种意义上来说，我们可以把走动式教学质量管理看作一种"看得见的"的管理方式。毕竟学校管理者与教师、学生面对面接触、交谈，才能够及时了解一线教学的真实情况。在实施走动式教学质量管理时，学校管理者最好随身携带笔记本之类的工具，以便于及时记录观察到的现象、发现存在的问题等。

（2）不定期原则。学校管理者在进行"走动"时往往需要有一个大致的周期，但并没有完全固定的时间。例如，学校管理者一有时间就可以到处走走，观察课堂教学、体育活动、实验教学等的开展情况。这就是不定期原则。学校管理者只需要在教师常态教学情况下，走进课堂听课，课后与教师一起分析上课的具体情况、收获和存在的不足。

（3）倾听原则。在走动式教学质量管理中，学校管理者与教师、学生之间是一种建立在相互尊重基础上的平等关系。学校管理者是以一个服务者的身份倾听意见、建议，而不是凌驾于师生之上的视察或考核。从这个角度来看，学校管理者实施走动式教学质量管理时必须遵循倾听原则，即在与师生沟通、交流的过程中，学校管理者要体现出热情的关怀和和蔼可亲的态度，要做一个耐心的倾听者，从而及时获得第一手的信息。

第二节　高校教学质量管理过程

从大体上来看，高校教学质量管理过程可以分为两个阶段，第一阶段是决策与计划，第二阶段是组织与实施。

一、决策与计划

具体来说，在决策与计划阶段，依次要做好以下几个环节的工作。

（一）决策

1. 发现问题

一般来说，在质量管理工作中，决策工作往往是从发现问题开始的。问题能否被发现，不仅仅是业务水平的问题，而且还是政治思想水平的问题。从根本上来说，教学质量管理中的问题是能否贯彻执行国家的教育政策方针的问题，是能否为社会主义建设培养合格接班人的问题。

在当前阶段下，我国各级各类学校的教学工作中和管理工作中还存在各种各样的问题，而且管理者往往不能及时地发现、解决这些问题。之所以存在这种情况，一个十分重要的原因就是学校领导缺乏应具备的业务水平和政治思想水平。即便他们发现了问题，也常常是束手无策。因此，为了促进学校教学质量管理的发展，领导层一定要拥有善于发现问题的能力。

总而言之，学校管理者都必须明白，现在的学生终将会成为建设社会主义的生力军；要明确我国综合国力、经济发展能力的提升，是取决于劳动者本身的素质；必须改革那些不适应时代发展和需要的教育思想、教育体制、教学方法和管理思想、管理体制、管理方法等。只有这样，才能真正满足为社会主义现代化建设培养人才的需要。

2. 确定目标

在当前阶段下，我国各级各类学校有着明确的教育目标，即培养有社会主义觉悟的、有文化的、身体健康的劳动者，有理想、有道德、有文化、有纪律的一代新人。为了最终实现这一教育目标，学校管理者必须按照国家的相关规定，制定每个学年、学期提高教学质量的具体目标。

由此我们可以看出，在教学质量管理过程中，从校长、教务主任到教职工，每个人都应当制定个人目标，以切实保证教学质量的提高。

3. 确定准则

从整体上来说，各级各类学校教学质量管理的准则应当包括学术价值、社会价值和经济价值。其具体内涵如下所述。

所谓教学质量管理的学术价值，就是指实现学校教学目标的具体措施、方法、途径等是否符合教学客观规律和教学基本原则，是否达到了同类型学校中的先进水平，是否符合现代科学管理观念等。

所谓教学质量管理的社会价值，就是指选择某个学校发展方案之后所产生的社会影响、社会效益等是否有利于培养社会所需要的人才。

所谓教学质量管理的经济价值，就是指是否符合勤俭办学的基本原则，能否充分利用本校的器材设备；另外，在人力资源安排、物力的使用上，能否做到人尽其才、物尽其用。

4. 拟定多种方案

拟定多种方案，就是指各个方案之间需要有一定的区别，当然也不只是有细节上的差异。在制定方案之时，创造性的见解往往是十分重要的。水平高、能力强的管理工作者应该在这方面得到充分的体现，从而促进决策的多种选择性。

对于各级各类学校而言，其内部的学科、专业之间具有显著的差异，不同学科、专业的教学方式也表现出显著的区别。因此，在实施教学质量管理之时，各级各类学校必须根据本校的实际情况，采取不同的教学质量管理方案。

5. 分析评估

具体来说，分析评估工作就是对之前制定出的各项方案的利弊得失进行全面的分析与比较，从而有利于优化决策，选择出最为合适的方案。我们可以请校内外的专家教授组建专家组，对不同的方案进行评价，择优使用。

6. 方案选优

方案选优并不意味着只取其中的一种方案，也可以在综合几个方案的优点之后，在原有方案的基础上做出一个切实可行的更加优秀的方案。一般来说，选择多种优秀方案并对其进行综合，比只选择一种方案的效果更好。

7. 试点

在选定某一方案之后，为了证明方案的可行性，可以进行局部试验进行试点。

既然被称为试点，那么这个"点"就需要在全校具有较强的典型性，绝不能允许试点存在过多的特殊条件。

需要指出的是，在进行试点工作时，选择的"点"不能过于优秀，以证明领导者的决策英明。这样的做法本身就是错误的，不论最后试点的结果是成功还是失败，都没有任何实际的意义。

在教学质量管理实践中，对于上述决策的程序步骤绝对不能生搬硬套，而应当依据学校的实际情况进行取舍。决策工作的成效关键要看学校领导是否善于走群众路线，能否激发教师的聪明才智，从而群策群力、集思广益。如果能做到的话，那么即便是决策程序步骤当中较为困难的几步，也能轻松走好。如果不能做到的话，那么即便是拿出一个所谓的"方案"，也不过是生搬硬套的，没有任何的选择余地，只能是说空话，走形式。如此一来，学校领导的思想作风如何，就可以在这个问题上充分反映出来。

一般来说，经验丰富、水平较高的学校领导干部往往能够将教学质量管理的决策工作做得十分顺畅，并能够把工作中出现的问题当作工作反思的镜子，自觉地提高思想水平，改进管理工作。

（二）计划

1. 有的放矢，重点突出

总而言之，学校的教学工作可谓千头万绪，错综复杂。即便是办学条件好的学校，每个年级、每个学科的发展状况也不总是较为平衡的。因此，在一系列的工作过程中，要选准最为薄弱的环节，组织力量重点进行突破。

2. 发动群众，统一认识

在制定计划时，有时正确的意见或措施，往往在最开始不为人们所接受。不过，经过发动群众进行充分的讨论，尤其是经过实践的检验，正确的意见最终会被承认、接受和支持的。因此，有效地发动群众（即学校的管理层、教师及其他员工），从而统一大家的认识，有利于具体实施教学质量管理计划。

3. 上下结合，协调全局

在学校教学质量管理工作中，上级部门布置的任务必须和本校的实际情况相结合。具体来说，对学校领导的要求必须与对各个职能部门、各个教研组、各个老师的要求相协调。对于教师来说，要求其能够从学生的实际情况出发，并化为学生的自觉要求。

具体来说，教师必须认真学习并且正确领会上级指示的精神实质，对教学工作的实际情况、基本经验、主要问题等进行深入的调查和研究，从而全面了解各项工作的全貌。否则，教师在制定计划时就容易犯主观主义、教条主义的错误。

4.远近结合，统筹安排

如果有长远计划和近期目标，那么工作的方向就会非常明确，视野也随之十分开阔，能够增强工作的系统性和继承性，从而有效地避免盲目性、滞后性等问题。一般来说，学校管理者在制定学校教学工作的长远计划或近期目标时，必须做好以下几个方面的工作：

第一，依照人口数量、城市或者农村的规划建设、教育事业的相关发展规划，确定每年招生人数。与此同时，还要保证每年应届毕业生在德智体美多个方面能够达到基本的要求。

第二，确定学校在近几年里教学质量提高的幅度和相关措施。

第三，制定出逐步改善学校设备的计划或方案。

第四，确定近几年内学校领导和教职员工需要解决的问题和解决问题的相关途径，让其尽快适应变化发展的需要。

客观来说，远近计划的结合可以使计划的方向更为明确，有助于稳扎稳打地逐步实现目标。通过不断地实践，可以总结出各种各样的成功的经验，有利于处理好所出现的问题，为计划的最终实现提供相应的保障。

二、组织与实施

（一）安排好教务处工作

对于各级各类学校来说，教学质量的管理是学校整体工作中非常重要的一环。如果处理得当，那么教务处、图书室、校医院、实验室、体育室等部门的职工就可以各司其职、各尽所能。在这种情况下，教学质量管理系统可以具有十分灵活的反应力，指挥渠道和反馈路线畅通无阻，有助于提高教学工作质量。相反的，如果教学质量管理工作没有做好，则很容易出现信息不通、指挥不当、上下隔阂、各自为政、秩序混乱的局面，最终制约学校教学质量管理水平的提高。

在具体安排的过程中，学校管理者需要做好以下几个方面的工作：

第一，校领导要高度重视教务工作，认识到其是教学质量管理体系当中不可缺少的部分。

第二，明确教务处是两个反馈的中心。在学校内，由教务主任联系教研组以及班主任这两条流水线，让教学的相关信息渠道得以保持畅通。而教务工作人员需要及时将反馈信息传递给决策层。除此之外，教务工作人员也要收集、整理、分析来自校外的反馈信息，同样做好信息反馈的工作。

第三，想方设法提高工作人员整体的思想水平、业务水平、文化水平，让他们明确工作质量标准，进而提高工作效率。

第四，针对一些教务工作职责不明的情况，重新组织或调整教务工作人员队伍，且实行岗位责任制。

第五，解决分工合作问题，也就是将教务工作人员全部组织到教学质量管理系统当中来，由教务主任统一进行组织、调度、指挥、监督。

第六，校领导要针对教务工作制定相应的奖惩制度，克服平均主义思想，表彰先进、鞭策后进。

（二）稳定秩序

这里说的稳定秩序包括两个方面：一是稳定工作秩序，二是稳定教学秩序。

1. 稳定工作秩序

根据学校内部各个方面、各个部门的职责任务，将党、团、工会的工作，以及校长室、教务处、体育室、图书馆、校医院等行政系统的工作，全部纳入以教学为中心、全面贯彻国家教育方针政策的轨道。同时，各个方面或部门需要互相配合，协调一致，防止"各自为政"的现象出现。

2. 稳定教学秩序

稳定教学秩序是一项较为复杂的系统工作，其具体内容非常琐碎、复杂。具体来说，学校管理者要稳定教学秩序，就需要重点抓好以下几个方面的工作：

第一，各个教师必须充分调动学生的学习积极主动性，有意识地培养学生对学习的兴趣爱好，满足学生的求知需求。与此同时，大胆放手地培养学生的自主精神和自控能力。如此一来，学校教学秩序就能够稳定下来，为提高教学质量打下坚实的基础。

第二，由校长宏观上统一调度，教务处负责具体组织教师开展工作，及时处理好收费、注册、发书、编班、排课、作息时间安排、各项活动等工作事宜。

第三，将思想政治工作、教学工作以及各种活动统一安排到总课表上，防止出现各自为政的现象。

第四，及时公布课程表、作息时间表、校历表等重要信息，并将每周会议活动的安排提前公布出来，便于相关人员做好准备。

第五，学校的全体教职员工，尤其是政工干部和班主任，要在每学期开学伊始，通过思想政治工作将学生的思想和精力快速引导到迎接新学期的学习任务上来，从而有助于各个年级教学秩序的稳定。对于新生还要统一向他们介绍学校的总体概况，明确校纪校规和学生守则。在当代社会中，一些学校进行的"入学教育"就是很好的办法。

第三节 加强高校教学质量管理的具体策略

一、配备合格的校长

（一）要有相当的知识

在当代社会中，伴随着教育改革的不断深化，教学要求和教师水平不断提高，对于校长的要求也正在不断提高。具体来说，选择合格的校长，不应仅仅看重文凭，而是应当既看水平又要看文凭。在当代社会中，各级各类学校的校长至少应当具备以下三个方面的知识：

第一，所教学科的专业知识。

第二，现代教育科学知识。

第三，现代管理科学知识。

（二）要有相当的能力

对于各级各类学校的校长来说，如果只是具有知识而没有相应的运用知识的能力，那么是很难处理好学校的各项事宜的。因此，要成为一个合格的校长，就必须具备以下几个方面的能力。

1. 调查研究的能力

调查研究是一项非常重要的工作，但并不是每个校长都能做好这项工作。也许有的校长整天忙于各种事务、会议，根本没有时间去开展别的工作。因此，一些校长虽然名义上是整个学校的指挥者，但其实却成为学校的事务员，或者成为校长室的"秘书"，根本没有发挥出校长应有的作用。

之所以存在这种现象，关键在于校长缺乏调查研究的能力。在当前的一些学校中，对于国家的教育政策方针不能够全面落实，不能把上级教育管理部门的指示贯彻到底，教学质量长期得不到提高。这些都与校长缺乏调查研究能力有着十分密切的联系。因此，各级各类学校的校长必须自觉提高调查研究的能力，尤其要提高对教学过程和教学管理过程进行调查研究的相关能力。如果能够对这两个过程中的经验及时地发现、总结、交流、推广，尤其是教学过程中的倾向性问题能够及时得以发现、研究、解决，那么就可以说具备了相当的调查研究能力。

2. 组织和指挥的能力

由于校长这一职位本身的特性，要求校长具备较高的组织和指挥的能力。在制订学校的一些计划时，如果想要让这些计划最终切实可行，真正地成为全校师生未来行动的具体方案，成为学校各项工作的基础，保证学生的德智体美都有所提高，那么就需要校长具备良好的组织力、指挥力。比如，校长在新学期要摸清学生在德智体美等方面的基础，就必须将学校的班主任、教师以及行政部门干部的力量组织起来，既掌握一定的资料信息，又掌握活动的情况；不但要了解取得的经验和存在的问题，也要进行一定的科学预测。

在当前阶段下，我国各级各类学校的一些校长连这一点都很难做好。因此，即便他们满腔热情，却无法将学校办好。长此以往，他们也只能"纸上谈兵"。再以执行计划而言，有组织能力和指挥能力的校长，在安排每一个人工作之时会注意扬长避短，让他们各得其所、各尽其职，不论是工作关系还是人际关系，都能得到协调发展。如此一来，教职员工就能够在烦琐复杂的学校工作中，有条不紊地开展自己的工作。而生动活泼、欣欣向荣的校园风貌，也大多是由此而来的。

总的来说，校长的组织和指挥的能力与其自身的素质、水平、天赋是密切相关的。与此同时，这也是校长本人在后天的工作中有意识地锻炼出来的。对于一些中青年校长来说，缺乏经验只是暂时的。他们需要在工作中有意识地进行锻炼，虚心地向有经验的老校长进行学习，其组织能力和指挥能力的提高，都是指日可待的。

3. 调动教师积极性的能力

校长必须具备调动教师积极性的能力，这是校长做好教学管理工作的基本功，也是办好学校的基本条件。具体来说，调动教师积极性的方法主要有以下三种：

第一，全面贯彻落实国家的教育政策方针，切实做到一视同仁，工作上放手使用，生活上关心照顾。

第二，进行物质奖励和精神鼓励，具体包括表扬好人好事、树立模范典型，或者设法使教师增加收入。

第三，进行思想政治教育，主要是对教师进行形势教育和爱国主义教育。

总而言之，充分调动教师的积极性，不但能够解除教师的后顾之忧，让教师能够将精力更多地放在教学质量上，而且还能激发教师为开创学校工作的新局面而发挥出自己的潜能、才智，为学生的身心健康发展而努力。

二、加强干部队伍的建设

（一）改革学校干部制度

长期以来，我国的干部往往是由上级直接任命的。这个制度的优点在于能够全面执行国家干部政策，能对干部人选进行全面的考察，保证择优任命的校长能够达到所在学校的最佳水平。不过，伴随着社会的不断变化和发展，同时伴随着社会主义民主和法制的日益健全，学校干部制度的缺点也开始暴露出来。如果对学校的领导干部依然采取单一的任命制，就很难适应教育体制改革的实际需要，也难以培养优秀的干部人才。因此，应改革学校干部单一的任命制为任命、选举、招聘等多样化的制度，以适应时代的发展。

按照国务院对企业领导干部实行国家统一考试的决定，也按照许多国家对校长实行考试制度的经验，同时还按照我国进行教育体制改革和教育改革的实际需要，通过国家考试来选贤任能，是从根本上保证校长质量的一个关键措施。无论是选举的、任命的校长，还是通过招聘选拔出来的校长，都要经过国家统一的考试，并且取得相应的资格证书，才能接受任命。不仅如此，在上任之前，这些校长需要与教育行政部门和本校教职工签订提高教学质量的相关合同。

在我国，校长的任期通常以五年为宜。具体来说，对于那些能够全面地贯彻国家的教育政策方针，对学生负责，能让学生德智体美在原有基础上有显著提高，对教育科学进行研究和实验并取得成果，积极进行教学改革并有所突破的校长，可以在任期结束后获得连任，同时可获得一定的精神奖励、物质奖励。对于失职的或不称职的校长，上级党委和教育行政部门则随时可以将其予以免职。通过这样的方式，不但能够改革干部实际上的终身制，消除"吃大锅饭"的弊端，同时又能够切实保证教学质量的不断提高，而且为改变干部结构的不合理状况创造了良好的条件。

（二）做好老干部工作

做好老干部工作，具体来说就是让老干部不但能解脱第一线工作的繁重负担，同时也能依靠他们丰富的经验，在传帮带中继续发挥作用，促使一些德才兼备、年富力强的中青年干部能够获得更多有效的锻炼。新老干部的合作和交替问题，是关系到学校教育事业后继有人的大事，因此必须以高度的事业责任心来完成这个历史任务。

（三）加强干部轮训工作

干部在轮训之后，可以按照工作需要和实际考核，对他们的工作做出一定的调整。在当前阶段下，组织干部轮训是我国提高干部素质的一项重要措施。全体干部必须明确现代化建设的需要，积极主动地参加学习。

通常情况下，学校干部经过一段时间的系统学习之后，在研究新情况、解决新问题、提高教学质量等方面都将会有非常大的提高，为他们成为管理学校的专业人员起到极大的促进作用。

三、组成稳定的管理结构

选拔学校干部，必须按照国家相关的干部政策、各个学校实际状况的特点来开展；另外，也要按照社会经济发展情况，对学校干部提出新的要求。为了切实加快学校领导班子建设的进程，就必须做好以下几个方面的工作。

（一）具有稳定的组织状态

在现代的管理中，管理的结构不是随便分级的，而且各级也不是任意组合在一起的。如果想要形成稳定的管理结构，那么就应是正立的三角形，即决策层在顶端，管理层、执行层依次往下；而倒三角形、菱形之类的结构是不稳定的。同样的道理，在学校系统中，也必须有稳定的组织状态，才能更好地进行具体的管理工作。

（二）做到人尽其才

客观来说，每个人都具备与众不同的才能，因而不同的管理岗位，要选用适合岗位的人才。现代各级各类学校的教学质量管理亦是如此，应当让具有相应才能的人走上与其相对应的管理岗位，从而做到人尽其才，扬其长、避其短。

具体来说，在整个学校系统中，执行人员需要能够热爱教育事业，在自己的岗位上任劳任怨、埋头苦干；指挥人才应当具有长远的战略目光、出色的组织才能，能够多谋善断，坚持国家的基本政策方针，有着强烈的事业心和责任心；监督人必须公正严明，敢于直言不讳，能够坚持真理，赏罚分明，熟悉业务，注重联系群众；而反馈人才，则需要思维敏捷，见多识广，容易接受新鲜事物，综合分析能力强，能够反映实际情况。

实行教学质量管理的学校，就需要按照上述各种人才的能力，做到人尽其才。要真正做到这一点，就需要学校管理者具备一定的思想理论水平，具备一定的人才学常识和现代科学管理理念。

（三）不同级别的岗位需有不同职权

对于一所学校而言，校长的职权应当大于教务主任，而其本身在政治思想水平、政策水平、管理水平等层面，也要高于教务主任。同样的道理，教务处主任对于教师亦是如此。如果出现了校长水平不如教务主任或者教务主任不如教师的现象，那么就要对具体情况进行研究，并解决存在的问题，以免由此给学校教学工作的开展带来重大损失。

有效的管理不是拉平或者消灭任何权力的存在，也不是不要任何的物质奖励或精神奖励，而是要按照岗位级别的不同及所做出的实际贡献，授予相关人员相对应的职权，给予其一定的物质奖励或精神奖励。在学校中，校长、教务主任和教师的管理范围、内容、责任以及权力大小皆不同，因而他们所享有的物质奖励、精神奖励也不应相同。

四、制定明确的学习标准

教学质量管理的工作需要具体化、标准化。具体来说，质量分析、质量情报、质量预测、质量统计、质量服务等工作都要有具体的标准，才能对其优劣程度进行评定。一般来说，制定标准必须由简到繁，便于执行，方便检查。

学习标准必须如实反映实际情况，在教学质量管理工作中还应不断进行修改、完善。如此一来，在以后进行同样的工作之时，就可以直接按照更加合理的标准进行，遵循成功的经验规律，杜绝失败的教训再现。这也可以让学校的工作更加条理化、专业化，达到了提高效率的目的。

从客观角度来说，标准化不单是教学质量管理的结果，同时也是下一阶段工作的起点。这也就是说，教学质量管理从标准化开始，到标准化结束。在学校的教学质量管理工作中，如果能保证标准化周而复始，螺旋上升，不断得到完善，那么整个学校就会出现欣欣向荣的良好局面。

五、做好质量管理教育工作

实行教学质量管理，需要从质量管理教育入手；而教学质量管理实践工作，又让干部和广大教职员工获得了一定的锻炼。质量管理能够充分发挥人的潜力，属于一种人才开发、人才利用的工作。对于校长们而言，这同时也是一项具有挑战性的工作。为了让教育适应时代变化发展的需要，就应在教育实践中探索和积累质量管理经验，并且发现、发展真理。

事实证明，全面贯彻实行教学质量管理，且已然取得显著成绩的学校，就能够在工作中一面探索、一面总结经验教训，从而最终做好质量管理教育工作。实际上，教学不仅是一门科学，更是一门艺术，其魅力就在于可以源源不断地发展、创新，不断地被赋予新的内容。因此，各级各类学校必须结合其学校的实际情况，摸索出适合本校发展的教学质量管理途径，才能加快提高教学质量的进程。

参考文献

[1] 孙连京．高校教学管理理论与实践 [M]．南昌：江西高校出版社，2019．

[2] 何聚厚．高校教学模式创新与实践研究（2018 年）[M]．西安：陕西师范大学出版总社有限公司，2020．

[3] 郭建鹏．翻转课堂与高校教学创新 [M]．厦门：厦门大学出版社，2018．

[4] 薛明明，张海峰．高校教学管理及教学质量保障体系的建设与探索 [M]．北京：九州出版社，2021．

[5] 西仁娜依·玉素辅江．高校教学档案管理理论研究与实践 [M]．长春：吉林人民出版社，2019．

[6] 丛红艳．高校教学改革与文化的融合创新研究 [M]．长春：吉林出版集团股份有限公司，2019．

[7] 甘罗嘉，周廷勇，田智辉．高校教学督导：理论与实践 [M]．北京：知识产权出版社，2017．

[8] 范杰，魏相君，敖青泉．信息化视角下高校教学档案的建设与管理 [M]．长春：东北师范大学出版社，2019．

[9] 刘慧．"互联网＋"背景下高校教学模式创新研究 [M]．沈阳：沈阳出版社，2019．

[10] 田智辉，甘罗嘉．高校教学督导与教学质量建设 [M]．北京：中国传媒大学出版社，2016．

[11] 郭亦鹏．高校教学管理信息化建设 [M]．长春：吉林大学出版社，2016．

[12] 冉清文．普通高校教学模式改革实践：转动课堂论文汇编 [M]．沈阳：东北大学出版社，2016．

[13] 吕村，谭笑风．高校教育管理与教学研究 [M]．长春：吉林文史出版社，2021．

[14] 张露汀，杨锐，郑寿纬．高校教育教学创新研究 [M]．长春：吉林人民出版社，2021．

[15] 刘思延，张潍纤，郑莹．高校教育教学管理实践与创新发展 [M]．哈尔滨：哈尔滨出版社，2021．

[16] 丁兵．当代高校教育管理研究 [M]．西安：西北工业大学出版社，2019．

[17] 汪文娟，何龙，杨锐．高校教育管理创新研究 [M]．北京：北京工业大学出版社，2018．

[18] 梁延秋．未来高校教育空间设计发展研究 [M]．成都：电子科技大学出版社，2019．

[19] 钟亮．现代高校教育之理性思考 [M]．长春：吉林人民出版社，2019．

[20] 陈晔．新时期高校教育管理实践研究 [M]．北京：现代出版社，2020．

[21] 关洪海．高校教育管理与创新实践研析 [M]．北京：冶金工业出版社，2019．

[22] 孟猛，宗美娟．应用型本科高校教育教学理论与实践 [M]．长春：吉林出版集团股份有限公司，2021．

[23] 张东平．2020年上海市区办高校教育质量年度报告 [M]．上海：复旦大学出版社，2020．

[24] 何玉海．高校教育评估标准：品质、属性、体系及其建设 [M]．上海：上海三联书店，2019．

[25] 王荔雯．移动互联网时代高校教育管理模式改革与实践研究 [M]．北京：中国原子能出版社，2019．

[26] 宋瑞莉，杨晓波．"互联网+"时代下高校教育的创新与发展研究 [M]．哈尔滨：东北林业大学出版社，2018．

[27] 尹新，杨平展．融合与创新：高校教学信息化探索与实践 [M]．长沙：湖南科学技术出版社，2018．

[28] 王鹤蒙，宋征．大数据对高校教育的影响 [M]．徐州：中国矿业大学出版社，2016．

[29] 丁家云，瞿胜章，艾家凤．应用型本科高校教育教学研究 [M]．合肥：中国科学技术大学出版社，2016．

[30] 林榕．大数据背景下高校教育管理信息化发展与创新研究 [M]．长春：吉林大学出版社，2019．

[31] 周恕义．高校教育信息技术应用 [M]．北京：北京工业大学出版社，2014．

[32] 周湘浙．高校教育教学改革策论 [M]．杭州：浙江大学出版社，2008．